같이 읽자는

고

백

같이 읽자는 고백

십만 권의
책과
한 통의
마음

김소영 엮고 씀

이야기장수

서문

김소영

십만 권의 책과 한 통의 마음

어쩌다 종이책을 배달하는 서비스를 만들게 되었는가. 불안한 눈빛과 의아한 시선을 마주하며 시작된 우리의 여정은, 2020년 겨울의 한복판에서 조용히 첫발을 내디뎠습니다. 그때 우리는 코로나 팬데믹을 겪고 있었습니다. '모이지 말라' '떨어져 있으라'라는 인간의 본능을 거스르는 지침 속에 답답함보다는 '끝이 있기는 한 걸까' 하는 당혹스러움과 두려움을 함께 겪어내던 시절이었습니다.

저는 당시 '책발전소'라는 오프라인 서점을 운영하고 있었습니다. 기업도 아니면서, 근 3년간 세 개의 서점을 연달아 오픈하며 경제적으로나 커리어적으로나 꽤 큰 모험을 하고 있던 때였지요. 그전에도 직장생활을 했으니 세상을 꽤 안다고 생각했는데, 처음으로 천재지변이라는 것이 무엇인지를 몸으로 배웠던 것 같습니다. 어느 날 갑자기 가게들의 영업시간이 조정되고, 자리 배치가 멀어지고, 외출 자제가 권고되고, 만나도 마스크를 벗어서는 안 되며, 병에 걸리면 동선이 추적되고 공개되던 시절이었습니다. 세상이 변하는 것 같았고, 아니 이미 변해버린 것 같아 뭐라도 해야 할 것 같던 그때의 저에게, 만약 지금의 제가 "고약하지만 끝은 있어. 몇 년만 버티면 돼"라고 귀띔해줄 수 있었다면…… 아마 저는 시작하지 않았을지도 모릅니다. 이 '책발전소북클럽'을요.

초기에는 매달 제가 좋아하는 책을 한 권 고르고, 그 책을 고른 이유를 구구절절 적은 편지를 함께 담아 보내드리는 서비스로 기획했습니다. 그렇게 큰 반향이 있을 줄 몰랐다고 하면 거짓말이고 어느 정도 예상은 했지만, 놀랍게도 첫 신청자가 3천 명 이상 몰리면서 막상 주문을 받고 보니 출판사에서 보유하고 있던 재고로는 수량이 부족했습니다. 결국 북클럽 멤버분들께 보낼 도서를 따로 찍어야 한다는 출판사의 말을 듣고, 이왕 새로 찍는 김에, 북클럽만을 위한 표지를 만들면 어떨까 하는 생각이 들었습니다. 물론 리커버—새로운 디자인의 표지를 만드는 일—는 시간과 정성이 많이 드는 작업입니다. 하지만 출판인들은 '우리 책을 널리 알릴 수 있다!'는 말 한마디에 불가능도 가능하게 만드는 힘이 있더라고요. 겉으론 얌전해 보여도, 속은 언제나 뜨거운 사람들입니다. 그렇게 탄생한 것이 바로, '책발전소 에디션'입니다. 책발전소북클럽에서만 만나볼 수 있는, 세상에 단 하나뿐인 특별한 표지의 책, 매달 보내드리는 편지는 '큐레이션 레터'로 불리며 감사히도 파일에 차곡차곡 모아주시는 분들이 생겼습니다. 매월 보내드리는 책을 잘 읽고 계신지 점검할 겸, 동기 부여두 드릴 겸, 온라인상에서 감상을 나누면 좋겠다는 생각에 시작하게 된 라이브 방송이, 그 유명한(?) '책발전소 북클럽 웨비나'가 되었습니다.

팬데믹을 벗어난 이후에도, 이렇게 오랫동안 종이책을 구독하는 서비스가 유지될 수 있었다는 건 놀랍고도 감사한 일입니다. 펜데믹 기간이 지나고 얼마 지나지 않아 몇 년째 혼자 책을 고르다보니, 어느 순간 제 취향과 선호가 반복되고 있다는 걸 느꼈습니다. 저의 책 추천에서 벗어나, 사회 각계

각층의 명사분들께 책과 편지를 받아보고 싶다는 마음이 생겼습니다. 저보다 더 넓은 시야와 감각을 가진 분들이 함께 책을 고른다면 정말 멋지지 않을까. 책과 출판업계뿐 아니라 전혀 다른 세계를 살아가는 분들도 함께해주신다면 더할 나위 없겠다는 생각이 들었습니다. 활동 분야를 가리지 않고, 좋은 책을 골라주실 것 같은 분들을 모시기 시작했습니다.

염치 불고하고 어려운 부탁을 드리는 것이었음에도 불구하고, 부탁 끝에 달려 있는 조건들이 상당했습니다. 이미 베스트셀러여서도 안 되고, 다른 곳에서 이미 추천하셨거나 추천사를 쓰신 책이어도 안 되고, 선생님들이 꼭 나누어 읽고 싶은 인생의 책을 소개해주시고, 진심 어린 (그리고 넉넉한) 편지도 부탁드립니다……! 누가 이러한 부탁을 들어주겠는가 싶었으나, 놀랍게도 출판인뿐 아니라 책을 사랑하는 사람들에게도 공통된 무언가가 있었습니다. 더 많은 이들에게 책을 건넬 수만 있다면 결코 마다하지 않는, 뜨겁고도 참을 수 없는 마음 말이지요.

'이달의 큐레이터' 서비스는 내부에서도 '이게 정말 지속될 수 있을까'라는 의문 속에서 시작됐습니다. 가장 큰 고민은 섭외에 대한 것이었습니다. 그래서 처음에 베타서비스인 척

문을 열었는데, 시작과 동시에 뜨거운 반응을 얻었을 뿐 아니라 거절당하는 게 당연하단 마음으로 부탁드렸던 선생님들께서 그저 책 한 권만이 아닌, 가장 사랑하는 인생의 책과, 책과 큐레이터님들의 삶이 연결된 편지를 보내주셨습니다. '책발전소북클럽'과 '이달의 큐레이터'는 기적적으로 지속되며 지난 4년간 약 십만 권에 가까운 책과 편지가 북클럽 멤버들에게 전해질 수 있었고, 이제 우리는 그 시간의 흔적을 한 권의 책으로 묶어 전하려 합니다.

한 명의 큐레이터로서는 분명 부족했을 것이지만, 지난 4년간 비가 오나, 눈이 오나, 천재지변이 있으나 매달 책을 보내는 일을 단 한 번도 멈추지 않았던 것은 자랑스럽게 생각합니다. 책을 이야기하고 싶고, 공간의 한계로 인해 멀어지는 것이 싫어 만들게 된 북클럽은, 그 모든 한계를 고려치 않아도 지속할 수밖에 없을 만큼 저를 설레게 해주었습니다. 물리적 속성을 가진 '책'과 '편지'를 함께 보내는 일은 많은 사람의 노력을 요했습니다. 편지 한 통당 다섯 장 안팎의 편지지를 매달 접어서 봉투에 넣는 일이, 이렇게 많은 사람의 손을 필요로 하는 줄 처음에는 몰랐습니다. 현재는 전문 물류 서비스를 이용하고 있지만 첫 1~2년은 매월 마감에 쫓기며 전 직원이 편지를 접어야 하는 날이 많았습니다. 그만큼 돈을 벌 수 있는 사업도 물론 아니었습니다. 북클럽이 존재했던 이유는 단 하나였습니다. '같이 읽고 싶어서.' 집 앞까지 가져다드릴 테니, 제발 같이 읽어요! 외치는 마음이었습니다. 한 사람의 삶에 영향을 미치고, 마음을 움직일 수 있는 책을 직접 건네는 일이라니, 이토록 구체적이고 실천적으로 행복을 널리 퍼뜨리는 일이 있을까요.

『같이 읽자는 고백』을 엮어내는 과정에서 새삼 놀랐던 것은 '편지'가 가진 힘이었습니다. 아무래도 레터를 쓴 시기가 있으니 시의성이 담긴 내용들은 어느 정도 수정해야 하지 않을까 생각했지만, 오산이었습니다. 이달의 큐레이터를 매월 기획하며 여러 번 읽어봤던 편지들인데도 막상 책 위에 얹으니 또 새롭고 설레는 공기에 젖어들었습니다.

크리스마스를 앞두고, 눈 내리는 날을 상상하며 보내주신 김연수 작가님의 편지는 무더위가 일찍 찾아와 선풍기를 꺼낸 5월의 어느 날에 다시 읽어도 여전히 포근했습니다. 언제 꺼내 읽어도 낡아지지 않는, '원고' 같지 않은 풋풋함과 다정함. 바로 편지라는 형식이 가진 힘이었습니다.

신형철 평론가님은 편지 서두에 이렇게 적어주셨어요. "이 편지에서만큼은 '비평가처럼' 말하기보다는 편안하고 자유롭게 말해도 될지요? 양해해주신다면, 책을 읽기 전에 알아두시면 좋을 소소한 이야기 몇 가지 적겠습니다." 그 문장을 읽는 순간, 저는 속으로 이렇게 외쳤습니다. '제발요……! 부디 그렇게 해주세요!' 아마 저만 그랬던 건 아니었겠지요.

"저를 믿고 북클럽 도서를 신청해준 분들을 위해 비밀을 하나 털어볼까 합니다. 사실, 저는 박완서 작가님과 대화를 나눠본 적이 있습니다"라는 박상영 작가님의 뜬금 고백에는 두근거림을 참을 수가 없었습니다.

천재여서 글을 잘 쓰는 것 같았던 이슬아 작가님은 자신의 어린 시절을 회고했습니다. "그래서 저는 사시사철 글을 쓰는 사람이 되고 말았습니다. 반지하 월셋집에 과제가 얼마나 쌓여 있든, 통장 잔고가 얼마나 남았든, 낮술을 마시며 시작된 데이트가 얼마나 흥미진진하든 수요일 저녁이 되면 뚜벅뚜벅 글방에 갔습니다." 지금 이 편지를 읽고 있는 여러분들처럼, 자기 또한 그랬다는 다정한 고백에 전에 없던 동질감을 느꼈습니다.

자신을 이해해줄 거라 믿는, 책을 사랑하는 소수에게 보내는 글이라는 폐쇄적인 조건이 주는 힘이었을까요. 큐레이터들은 편지라는 형식 앞에서 그 어느 때보다 마음을 살포시 열어주셨고, 덕분에 매달 북클럽은 너무나 달콤하고 감미로운 선물을 구독자들의 현관 앞에 가져다둘 수 있었습니다.

저 역시 '책발전소 큐레이터'가 아닌 '이달의 큐레이터'를 기다리는 독자의 입장에서 매달 그들의 레터와 사랑하는 책을 받는 경험이 너무나 짜릿하고 소중했습니다. 한 달만 읽히고 봉인되었던 이 편지들을 보고 싶다는 독자들의 요청이 어어졌습니다. 우리는 이 소중한 책편지들을 우리가 사랑하는 책이라는 상자에 담아보려 합니다.

이 책을 엮어낼 수 있었던 것은 오직 '이달의 큐레이터'분들 덕분입니다. 이 책의 필진 인세는 가출 청소년 쉼터와 보육원, 병원에 꼭 필요한 책들을 기부하는 프로젝트에 쓸 예정입니다. 다른 곳에서 한 번에 모일 수 없는, 한 분 한 분의 작가님들이 마음을 모아주신 것은 기적이라고 믿습니다.

이 책을 엮어낸 우리의 또다른 목적은, 책을 사랑하는 사람들의 마음을 당신에게도 전하는 것입니다. 매달 가장 먼저 큐레이터들의 편지를 받고, 낯선 책을 읽는 즐거움은 저의 큰 행복이었습니다. 바쁘고 정신없던 일상 속에서 저를 울고 웃게 했던 이 편지들이, 이제 우리 모두의 편지가 되어 세상 밖으로 나갑니다. 책으로 연결된 우리들의 힘과, 책을 사랑하는 사람들의 힘을 보태어 만들어진 서른일곱 편의 책편지를 당신께 보냅니다.

차례

서문

○ **김소영** 십만 권의 책과 한 통의 마음　　　　　　　　　　5

막막한 현실을 돌파하기 위해 몸부림치고 있는 당신에게
그러나 다시 살 수 있을 것이다

○ **김연수** 제일 낮은 곳에 바다가 있어 떨어진 자들을
　　　　　모두 받아줍니다　　　　　　　　　　　　　20
○ **신형철** 그 눈물 부근에서, 다시 만납시다　　　　　　28
○ **이석원** 왜 때로 우리는 아주 작은 침범에도 무너지는가　34
○ **정세랑** 가라앉기보다 움직이길 택하는 사람들이 있다　44
○ **윤가은** 실패를 고백하는 법　　　　　　　　　　　　50
○ **박혜진** 불길 속에서도 견디고 살아남는 것　　　　　58
○ **장인성** 달리고 걷고 뛰고 헤엄치고 웃고 땀 흘리는 세계　68

2부

책을 좋아하는 사람으로 사는 행운

책과 자신의 삶이 분명 상관있다고 믿는 영혼들을 위하여

- 김초엽 　일상 속에 슬쩍 놓인 가까운 환상들 　　　　　　76
- 장류진 　인생의 남은 페이지를 새로 써나가기를
　　　　　주저하지 않는 사람들에게 　　　　　　　　　82
- 박상영 　내 삶의 각도를 조금 변하게 해준 한 사람에 대하여 　90
- 김혼비 　나의 천사는 덕후 중의 덕후였습니다 　　　　　　98
- 조아란 　존재하지 않는 세계가 선사하는 아릿한 경이감 　　108
- 백수린 　좋은 글을 읽고 나면 그 글을 쓴 사람도
　　　　　좋아하게 되어버린다 　　　　　　　　　　　　114
- 이다혜 　삿되고 속되며 달콤하게 　　　　　　　　　　　120
- 박참새 　책을 펼치면 절대로 빠져나갈 수 없는 사람 　　　126
- 김민경 　이 책을 왜 사랑하는지 설명하려면
　　　　　내가 살아온 삶을 얘기할 수밖에 없다 　　　　　134
- 한명수 　'明'이란 인물과 '토브'란 인물이
　　　　　책발전소북클럽 멤버들이 엿듣든지 말든지
　　　　　아이스크림 무인점포 집 앞에서 나누는 대화 　　144

| 3부 |

일과 창작의 영감은 어디에 있는가

우리가 지치지 않도록, 용기를 잃지 않도록

- **송길영** 월급루팡이 되고 싶은, 그러나 되고 싶지 않은
  우리 모두를 위하여 154
- **이슬아** 늠름하게 읽고 쓰기 위하여 162
- **모 춘** 나의 이야기를 시작할 용기 166
- **강민혁** 나는 왜 이토록 많은 경험을 하려 하나 172
- **박신후** 나라는 브랜드는 현재 어떤 모습인가요? 178
- **석윤이** 어떻게 하면 상상력과 창의력을 잃지 않을까 184
- **정성은** 잘 만들어진 이야기는 기적입니다 190

(4부)

세계와 관계에 대하여

이 사소하고도 거대한 사랑과 분노 앞에서

- **최은영** 지옥의 한복판에서 끝없는 사랑의 힘을 바라보며 202
- **정보라** 인류는 새로운 행성에서 살아갈 자격이 있을까 208
- **요 조** 이 화가 나는 행운을 214
- **이승희** 홀로 버티는 사람들의 삶과 한숨이 들려올 때 220
- **장기하** 피로는 또 별개의 문제 226
- **박너언** 사랑의 레이이, 사랑의 딜레마 234
- **김신지** 오랫동안 나의 비밀인 줄 알았던
  그 모든 수치와 배신과 슬픔은 238
- **황선우** 소요하는 이야기들, 그리고 책의 희망 246
- **강윤정** 구멍 돌아보기 254
- **오상진** 결국 우리는 옳은 길을 찾을 것이다 262
- **서은아** 다양한 관계 속 마음을 알맞게 쓰는 배려의 말들 272
- **김하나** 당신은 두 개의 세계를 살게 됩니다 280
- **이연실** 위대하고 거룩한 보통 사람들의 축제 288

1부

막막한 현실을 돌파하기 위해

몸부림치고 있는 당신에게

그러나 다시 살 수 있을 것이다

○ 김연수

**제일 낮은 곳에 바다가 있어
떨어진 자들을 모두 받아줍니다**

1994년 작가세계문학상을 통해 작품활동을 시작했다. 소설집 『내가 아직 아이였을 때』 『나는 유령작가입니다』 『세계의 끝 여자친구』 『이토록 평범한 미래』 『너무나 많은 여름이』, 장편소설 『7번국도 Revisited』 『꾿빠이, 이상』 『네가 누구든 얼마나 외롭든』 『밤은 노래한다』 『파도가 바다의 일이라면』 『일곱 해의 마지막』, 산문집 『소설가의 일』 『시절일기』 등이 있다. 동서문학상, 동인문학상, 대산문학상, 황순원문학상, 이상문학상을 수상했다.

잘 지내시나요?

책발전소북클럽 멤버분들께 따뜻한 안부를 전합니다.

어느새 2024년도 거의 지나가고 12월만 남았네요. 올 한 해 소망하셨던 일들은 이제쯤 이뤄졌는지 궁금하군요. 소망이란 크리스마스에 내리는 눈 같은 게 아닐까요? 모든 게 다 끝나기 전까지는 끝난 게 아니니까 미리 포기하진 말자구요.

그리고 크리스마스에 눈이 내리지 않아도 괜찮습니다. 다시 또 크리스마스, 그것만으로 충분히 기쁜 날이니까요. 올 한 해도 수고 많으셨습니다.

이제 곧 새해입니다. 조르바는 매년 예수님이 새로 태어나는 것처럼 자기도 새로 태어난다고 말했죠. 365일로 꽉 찬, 온전한 한 해가 우리 앞에 선물처럼 놓여집니다.

제게 2024년은 네 가지 정도로 기억됩니다.

우선 김민기의 노래 <봉우리>. 지난여름, 김민기 선생님이 돌아가셨다는 소식을 듣고 며칠 동안 그분의 노래만 들었습니다. 노래와 그에 얽힌 사연들은 저마다 아름다웠지만, 제게는 <봉우리>가 오래 남았습니다.

<봉우리>는 1984년 LA올림픽 때 메달을 따지 못한 선수

들을 위해 만든 노래였다죠. 모두가 1등을, 최고를, 승리를 외칠 때 누군가는 제일 낮은 곳에 바다가 있다고 나지막이 노래했다는 사실이 제게는 큰 힘이 되었습니다. 예술이란 그런 일이겠죠.

그리고 빔 벤더스의 영화 <퍼펙트 데이즈>. 주인공 히라야마는 높은 곳에서 가장 낮은 곳까지 떨어져본 경험이 있는 사람처럼 보입니다. 그 일을 겪은 뒤, 그는 제일 낮은 곳에는 바다가 있어 떨어진 자들을 모두 받아준다는 사실을 깨닫게 됐을지도 모르겠습니다.

그가 빛을 본 것은 거기에서였습니다. 인생의 어둠을 겪지 않았다면 보이지 않았을 빛이 영화에는 코모레비, 즉 나뭇잎 사이로 어른거리는 빛으로 나오죠. 김민기 선생님은 앞의 노래에서 우리 모두에게 '지금 여기'라는 봉우리를 하나씩 줍니다. 영화 속 히라야마는 그 봉우리를 찾은 사람입니다.

세번째는 소설가 한강의 노벨문학상 수상 소식입니다. 모두에게 기쁜 소식이었죠. 같은 해에 태어나 같은 해에 시인과 소설가가 돼 30년을 지켜본 제 눈에 따르면, 한강 작가는 소설 쓰는 걸 좋아해 소설만 생각하고 소설만을 써온 사람입니다. 누구도 아닌 그런 사람이 상을 받았네요.

이제 어린 사람이 "소설을 쓰고 싶은데 어떻게 하면 될까요?"라고 묻는다면, 저는 이렇게 말할 수 있습니다. "누가 뭐라고 말하든 네가 좋아하는 일만 생각하고 그 일만 하면 돼. 소설가는 소설만 잘 쓰면 되는 거야." 이 당연한 말을 할 수 있게 되기까지 우리에게는 30년이 필요했던 모양입니다.

그리고 마지막은 여러분에게 소개해드릴 책 『와해된, 몸』 입니다. 지난가을, 우연히 읽게 된 이 책은 세상을 바라보는 제 눈을 완전히 바꿔놓았습니다. 여기에는 <봉우리>와 <퍼펙트 데이즈>와 한강의 글쓰기가 보여주는 삶의 진실이 마찬가지로 담겨 있습니다. 이 책의 내용을 두 마디로 줄이면 이렇게 될 것입니다.

 이제 나는 젠더가 없다. 대신 내게는 휠체어가 있다.

이 책의 저자 크리스티나 크로스비는 2003년 10월 1일, 자전거를 타고 가다가 척추가 부러지는 큰 사고로 온몸을 쓸 수 없는 영구적인 장애를 얻었습니다. 이전에는 상상조차 할 수 없는 끔찍한 상태였지만 그럼에도 삶은 계속된다는 사실을 크로스비는 차차 배워갑니다. 그러나 이 책은 결코 인간 승리를 말하지 않습니다. 대신 몸이 얼마나 여약하지, 우리가 그 연약한 몸에 얼마나 의지하고 있는지 보여줍니다.

  책을 읽어가다가 저는 깨달았습니다. 남학교를 다니던 청소년 시절과 군복무를 할 때 제가 온몸으로 견디던 그 잔인한 폭력이 어디에서 온 것인지를. 사고를 증언하는 크로스비에게 휠체어를 탄 한 남성이 다가와 충고하죠. '사내답게' 떨쳐내라고. 그 순간 이 세계가 어떤 환상 속에서 구성됐는지 알겠더군요. 연약한 것을, 무욕의 삶을, 나이가 들면 누구나 겪게 될 장애를 나쁜 것으로 여기는 반대편에 모든 것을 독차지하려는 비대한 남성 자아가 있다는 사실을.

  크로스비는 레즈비언으로 비주류의 삶을 살았습니다. 평생 몸의 정치학을 향해 헌신한 크로스비에게 닥친 이 육체적 상실은 너무나 치명적인 것이라 차마 책을 읽어나가기 힘들지도 모르겠습니다. 하지만 여기에 진실이 있습니다. 그러니 계속 읽어나가시길.

  크로스비는 '사내답게'가 아니라 '자신답게' 일어납니다. 몸이 산산조각 난 뒤에도 영문학자인 크로스비에게는 많은 문장들이 있었으니까요. 예컨대 『제인 에어』에 인용된 시편 69편 1절과 2절이 있습니다.

  물들이 나의 영혼에까지 흘러들었다. 나는 설 곳이 없는 깊은 수렁에 빠졌다. 깊은 물에 들어가니, 큰물이 내게 넘친다.

문장은 다디단 물처럼 메마른 가슴으로 스며듭니다.
그리하여 위로는 제일 마지막에 찾아옵니다.

휴지 집기를 시도한 후 몇 달이 지나자 패티는 연필과 책을 하나씩 가져왔다. 패티는 내 앞에 책을 펼쳐놓은 후 연필을 거꾸로 쥐고 지우개 부분으로 책의 가장자리를 눌렀다. 패티는 책장을 넘겼다. 그러고는 내게 연필을 건넸다. 나는 혼신을 다해 연필을 쥐고 자넷과 나의 간호사 위니가 지켜보는 앞에서 책장을 넘겼다. "나 내 삶을 되찾았어." 눈물을 흘리며 나는 말했다. 그리고 다시 한번 말했다. "나 내 삶을 되찾았어"라고. 우리 넷은 함께 울었다.

눈물을 흘리는 눈으로도, 우리는 읽을 수 있습니다.

2024년 12월

김연수 드림

와해된, 몸
크나큰 고통 이후를 살아가다

크리스티나 크로스비 지음, 최이슬기 옮김
에디투스, 2024

"물들이 나의 영혼에까지 흘러들었다. 나는 설 곳이 없는 깊은 수렁에 빠졌다. 깊은 물에 들어가니, 큰물이 내게 넘친다." 문장은 다디단 물처럼 메마른 가슴으로 스며듭니다. 그리하여 위로는 제일 마지막에 찾아옵니다. _김연수

신형철

그 눈물 부근에서, 다시 만납시다

문학평론가. 2005년 <문학동네>에 글을 발표하면서 비평활동을 시작했다. 『몰락의 에티카』『느낌의 공동체』『정확한 사랑의 실험』『슬픔을 공부하는 슬픔』『인생의 역사』를 출간했다. 2014년 봄부터 2022년 여름까지 조선대학교 문예창작학과에 재직했고, 2022년 가을부터 서울대학교 영어영문학과(비교문학 협동과정)에 재직중이다. 관심사는 예술의 윤리적 역량, 윤리의 비평적 역량, 비평의 예술적 역량이다.

안녕하세요, 평론 쓰는 신형철입니다. 책을 추천할 수 있는 귀한 기회를 주신 김소영 대표님과 '책발전소' 관계자 여러분 감사합니다. 이 편지에서만큼은 '비평가처럼' 말하기보다는 편안하고 자유롭게 말해도 될지요? 양해해주신다면, 『엄청나게 시끄럽고 믿을 수 없게 가까운』을 읽기 전에 알아두시면 좋을 소소한 이야기 몇 가지 적겠습니다.

1. 이 책을 쓴 조너선 사프란 포어는 1977년생 미국 작가입니다. 프린스턴 대학교에서 문학 공부를 했고 스물다섯 살에 첫 장편을 발표합니다. 저에게 프린스턴 하면 떠오르는 작가는 스콧 피츠제럴드입니다. 이십대 초반의 나이에, 첫 소설로 이미 유명 작가가 되었다는 점이 닮았군요. 피츠제럴드의 두번째 소설은 전작의 영광을 재현하지 못했지만 포어의 두번째 소설은 폭죽처럼 쏘아올려져서 불꽃놀이 같은 성공을 거두었습니다. 한국어판 저자 소개에 따르면 그는 '분더킨트'(신동)라고 불렸다죠. 이런 호들갑에 눈살을 찌푸릴 분도 있겠지만 아무나 이런 소릴 듣지는 못합니다. 적어도 그의 두번째 소설에 관한 한, 저는 그가 천재라는 데 동의할 생각입니다. 저는 문학의 천재란 기교의 천재가 아니라 인생의 천재라고 생각합니다. 자신이 살아보지 않은 삶을, 또 그

런 삶을 산 인간의 내면을, 놀라운 인지적 공감 능력으로 이해하고 재현해내는 그런 능력의 소유자 말입니다. 그런데 이 작가는 기교의 천재가 아닌 것도 아니네요!

  2. 지금은 아니지만, 포어는 동료 작가 니콜 크라우스와 부부 사이였습니다. 포어가 그의 두번째 소설을 쓸 무렵에 니콜도 자신의 두번째 소설을 썼고, 그걸 같은 해에 출간했습니다. 그 소설 『사랑의 역사』 역시 어안이 벙벙할 만큼 정교하고 아름다운 작품입니다. (포어의 소설을 읽은 뒤에 잇달아 읽어보세요.) 천재와 천재가 한집에 살면서 각자의 방에서 걸작을 쓰다니, 이래도 되는 건가(뭐가?) 싶습니다. 얄미워지기로 작정했는지, 두 사람은 각자의 책 첫 페이지에 상대방을 위한 헌사를 적어넣습니다. 포어는 이렇게 썼군요. "니콜. 내 아름다운 여신. 당신에게 이 책을 바칩니다." 음, 이건 좀 별로입니다. '여신'이라니, 셰익스피어는 400년 전에 이미 제 연인을 여신에 비유하던 당대의 시인들을 조롱하며 "내가 여신이 걷는 걸 본 적이 없음을 인정해야겠네. 내 애인은, 걸을 때 땅을 밟으며 걷는, 사람이니까"(소네트 130)라고 썼는데 말이죠. 아니나 다를까, 원문은 "For Nicole, my ideal of beautiful"이니까, 외모에 대한 찬사만은 아니군요.

3. 2005년 작품입니다. 2005년을 어떻게 설명해야 하냐면, 2001년으로부터 4년 뒤라고 말해야 합니다. 9·11 테러를 기억하시는지요. 어느 맑은 날의 아침, 뉴욕 세계무역센터 빌딩 두 개가, 비행기를 납치한 이슬람 근본주의자들의 자살 테러 공격으로 무너져내린 사건 말입니다. 최소 3천 명이 죽었습니다. 아니, 이렇게 말하면 안 되죠. 누군가의 부모이거나 자식인 한 사람이 죽는 일이 동시에 3천 번 일어났습니다. (죽음을 세는 기타노 다케시의 방식입니다.) 이런 일이 일어나면 작가들은 무력감에 빠집니다. 문학 따위가 무슨 소용인가 싶어지니까요. 원래 세계무역센터 빌딩이 있던 자리를 '그라운드 제로'라고 부르는데, 그곳은 '문학의 그라운드 제로'이기도 한 것입니다. 그렇다고 아무것도 쓰지 않으면, 문학은 결국 아무것도 아닌 것이 되겠지요. 그래서 어떤 작가들은 가까스로 '재난문학'이라는 것을 씁니다. 사건의 복합적인 진실을 숙고하고, 살아남은 사람들을 정확히 위로하고, 이 일이 미래에 어떻게 기억돼야 할지 제안합니다. 진실, 위로, 기억. 저는 이것을 '재난문학의 3요소'라고 부르고 있습니다.

4. 2000년대 후반 한국에서 외국문학 애호가들에게 널리 읽힌, '모던 클래식'이라는 말이 어울리는 소설입니다. 그런

데 십수 년이 지난 지금, 저는 왜 새삼스럽게 이 소설을 추천하고 있을까요. 저는 작년에 늦깎이 아빠가 되었습니다. 그 이후로 어떤 작품은 저에게 이전과는 완전히 다른 무언가가 되었습니다. 이 소설에는 9·11 테러로 아빠를 잃은 아홉 살 소년의 고통스러운 애도 작업이 있고, 그 애도의 곁을 함께 지키는 어른들의 은밀한 돌봄과 고통의 연대가 있으며, 그리하여 그 모든 것의 끝에는, 우리가 살아 있는 동안 쉬지 않고 해야 하는 것이 있다면 그건 곁에 있는 사람에게 사랑한다고 말해주는 일이라는 메시지가 또한 있습니다. 이 이야기를 저는 2006년이 아니라, 세월호 참사와 이태원 참사를 겪은 뒤인 2023년에, 그것도 두 살 아들의 아빠인 채로, 다시 읽습니다. 마음이 아파 더는 못 읽겠다고 여러 번 멈추어야 했는데, 활자도 없는 마지막 몇 페이지에선 결국 울고 맙니다. 그 눈물 부근에서, 우리는 다시 만납시다.

부기

'9·11 테러' 말고도 '드레스덴 폭격'에 대해 검색해보시면 좋습니다. 그리고 이 소설엔 세 명의 화자가 있습니다. '네가 있는 곳에 왜 나는 없는가'라는 제목의 절들은 할아버지, '나의 감정들'이라는 제목의 절들은 할머니, 나머지는 주인공

소년이 이끕니다.

2023년 12월

신형철 드림

엄청나게 시끄럽고
믿을 수 없게 가까운

조너선 사프란 포어 소설, 송은주 옮김
민음사, 2006

저는 문학의 천재란 기교의 천재가 아니라 인생의 천재라고 생각합니다. 자신이 살아보지 않은 삶을, 또 그런 삶을 산 인간의 내면을, 놀라운 인지적 공감 능력으로 이해하고 재현해내는 그런 능력의 소유자 말입니다. _신형철

◯ 이석원

**왜 때로 우리는 아주 작은
침범에도 무너지는가**

1971년 서울에서 태어났다. 서른여덟이 되던 해 첫 책을 낸 이후로 『보통의 존재』『우리가 보낸 가장 긴 밤』『언제 들어도 좋은 말』 등을 출간했다.

제가 사는 아파트에 어떤 노부부가 살고 계십니다. 제가 이분들을 어떻게 알게 되었냐면, 이분들이 어느 날 주차를 하다가 하필 옆에 서 있던 제 차를 사정없이 들이받았기 때문이죠. 마침 저는 그 광경을 바로 눈앞에서 실시간으로 지켜보고 있었는데요.

저는 집에서 글을 쓰다가 휴식을 취하기 위해 자주 아파트 앞마당, 그러니까 주차장으로 산책을 나옵니다. 그날도 원고를 붙들고 머리를 싸매고 있다가 바람을 쐬기 위해 나온 참이었죠. 평소처럼 제가 사는 1동 앞 주차장을 거슬러 다른 쪽 동으로 막 건너가려던 순간이었어요. 어떤 무척 오래되어 보이는 승용차 한 대가 주차를 하려는 것 같은데 방향을 제대로 잡지 못하고 비틀거리는 폼이 심상치 않아 보이더군요. 그래서 그 자리에 선 채 잠시 지켜보고 있자니, 하필 목표 지점을 제 차 옆 빈자리로 설정한 그 차는 제대로 자기 자리에 안착을 하지 못한 채 그만 제 차를 들이받고 말았죠.

그때 제가 그 광경에 충격을 받았던 건, 보통 주차를 하다가 사고가 나면 대개는 스치듯 경미한 접촉인 경우가 많은데, 이 차는 제 차 옆구리를 향해 거의 돌진을 하다시피 했기 때문이었습니다. 저는 황당해서 도대체 누가 운전을 이렇게 하나 봤더니 차에서 내린 분들은 머리가 허옇게 센, 나이가 팔순은 되어 보이는 노부부셨습니다.

그래 제가, "아이고 선생님. 주차를 어떻게 그렇게 하세요. 어디 아픈 덴 없으세요?" 하고 먼저 말을 거니 운전자의 부인 되시는 분께서 다짜고짜 제게 머리를 조아리시며 그러시는 거예요. 미안해요. 저희는 세상에 이 늙은 저희 부부 둘뿐이에요. 그러면서 대뜸 돈 삼만 원을 줄 테니 당신들이 사는 집으로 올라오라는 겁니다.

운전석 쪽 차문이 다 움푹 패었으니 돈 삼만 원으로는 어림도 없는 견적이었죠. 하지만 물경 수십 년은 되어 보이는 차. 게다가 제가 사는 아파트 세대 중에서도 가장 평수가 작은 곳에서 오직 서로만을 의지하며 살고 계신, 짐작건대 살림살이가 뻔한 분들에게 저는 도무지 수리비를 청구할 수가 없었죠. 그래서 그냥 두시라, 제가 알아서 고쳐 타겠다, 말씀을 드리러 그 집엘 올라갔다가 저는 두번째 충격을 받게 됩니다.

열린 문틈 사이로 현관 앞과 거실 안쪽을 잠깐 보았을 뿐이지만, 그 집은 마치, 조난당한 사람들을 위한 대피소 같았습니다. 신발을 신고 벗는 입구에서부터 엄청난 양의 라면과 인스턴트 죽, 통조림, 음료수 등 각종 비상식량과 다양한 종류의 배터리, 심장 마사지기, 각종 램프와 공구 등으로 공간이 가득차 있었기 때문이죠. 집안은 깨끗하게 정돈되어 있었지만 넉넉지 않은 공간을 저로서는 이해가 가지 않을 만큼 많은 물건이 채우고 있는 것을 보고 묻지 않을 수 없었습니다. 아니, 이 많은 물건을 다 쓸 일이 있으세요? 그랬더니 이번에도 사모님께서 그러시는 거예요.

대비하고 있어야 해요, 항상. 저희는 저희 둘뿐이라서.

그러면서 한사코 돈 삼만 원을 제게 주시며, 자기들을 신고하지 말아달라고 사정을 하시는 겁니다. 그 이유도 말씀하셨죠. 노인네 둘이 살기 때문에 누구 하나 잡혀가거나 사고를 당하거나 병원에 입원이라도 하면 생활이 무너진다(삶의 질서가 깨진다). 그러니 우리 둘이 그냥 이렇게 살게 도와달라고, 방해하지 말아달라고, 그분은 제 손을 잡고 말씀하셨던 거죠.

순간, 저는 어떤 노인의 참으로 간절한 부탁의 말씀을 들으면서, 예전에 읽었던 책 속 주인공이 문득 떠올랐습니다. 그것은 바로 독일의 소설가 파트리크 쥐스킨트의 『비둘기』라는 작품 속 주인공 '조나단'이었죠. 나이 53세. 남자. 부모도 형제도 친구도 없이 근 평생을 홀로 살아가기 위해 아주 작은 방 하나만을 의지한 채 평생 자신만의 삶을 꾸려온 사람. 그 방을 그 어떤 방해도 받지 않는 자신만의 성으로 만들고 가꾸고 지키며 평생을 살아온 사람. 늘 같은 일을 하면서, 그저 그렇게 혼자만의 방해받지 않는 생활을 구축해온 것 외에는 달리 바라는 것 없이, 오직 그런 자기만의 삶의 질서를 지키고 싶어했던 사람. 하지만 어느 날 생각도 못 한 불청객(비둘기)이 문 앞에 나타나는 바람에 그 모든 평온했던 삶에 엄청난 균열이 생겨버린, 가엾은 우리의 주인공.

결국 저는 그 노부부의 삶의 질서를 깨는 비둘기가 될 수는 없었기 때문에 돈 삼만 원을 돌려드리며 그분들을 안심시켜드리고는 그 집을 나섰습니다. 저 역시 저만의 삶의 룰을 애써 만들고 지켜온 사람인지라 그 방해받고 싶어하지 않는 심정을 너무 잘 알 수 있을 것 같아서였죠. 그러고는 집에 돌아와서 실로 오랜만에 예전에 보았던 한 권의 소설을 다시 들춰보게 된 것이었고요.

참, 제 소개가 늦었습니다. 저는 이석원이라고 하고요, 십오 년 전에 첫 책 『보통의 존재』를 냈고 이제 막 아홉번째 작품인 『슬픔의 모양』을 낸 작가, 혹은 에세이스트, 혹은 조나단과 동갑인 올해 쉰세 살의 나이 먹은 남자입니다. 앞서, 제가 만난 어느 노부부와, 소설 속 주인공 조나단의 이야기를 드린 것은, 그들의 삶이 저와 혹은 어떤 면에서는 여러분의 그것과도 별반 다를 것이 없지 않은가 하는 짐작이 들었기 때문입니다.

왜냐하면 이 편지를 받고 계시는 분들은 다 어른이실 테니까요.

저는 어른의 삶과 아이의 삶이 다르기 때문에 행복 또한 어른의 행복과 아이의 행복이 다르다고 생각합니다. 아이들은 아주 단순하게 이해해서, 즐겁고 신나고 재밌고 맛있으면 행복합니다. 하지만 어른들의 행복의 조건은 그것보다 더욱 단순합니다. 어른들은 일단 마음속에 걱정거리가 없어야 행복합니다. 마음에 걸리는 것 없이 잠자리에 들 수 있으면 그게 최고의 평안이자 행복이라고들 하지요. 이것이 바로 어른의 삶이요 행복의 조건인 것이죠.

물론 그 단순한 조건을 충족시키는 일은 결코 단순하지 않습니다. 바로 그래서, 저는 어릴 적 비교적 간단했던 행복의 조건을 지녔던 우리가, 나이를 먹으면서 어쩌다 이렇게 지켜야 할 것이 많고, 아주 작은 침범에도 때로 무너질 때가 있는 것인지. 왜 지금의 우리는 마음의 평화를 누리기가, 행복이라는 감정을 느끼기가 이렇게 쉽지 않은지. 왜 그렇게 자주 불안을 느끼고 스트레스를 받는지. 진정으로 우리에게 중요한 것은 무엇인지. 우리 같은 어른들에게는 정말로 인생에서 중요한 것이 공격보다는 수비인지 등의 이야기를 여러분과 나누고 싶어 이 책을 골랐습니다.

언젠가 어떤 이가 제게 물었습니다. 유명하고 잘나가는 이들도 '불안'이란 감정을 느낄까, 그 친구는 궁금해했죠. 저는 일 초의 망설임 없이 그렇다고 답해주었습니다. 왜냐하면 제가 만난 그 어떤 대단한 사람도 어떤 종류든, 불안에 시달리지 않는 사람을 본 적이 없었기 때문이죠.

이렇듯, 우리가 누리는 평온함이라는 것은 실상 언제 깨어질지 몰라 불안한, 아주아주 얇은 유리 한 장 같은 것인지도 모릅니다. 조나단은 평생토록 일군 자신의 삶에 만족한 듯 보였지만, 실상 그가 이룬 모든 것은 그저 어느 날 갑자기 등장한 새 한 마리에 의해 박살이 나고 말 정도로 허약했던 것처럼요.

모쪼록, 저는 이 책을 통해 책발전소북클럽 멤버분들과 어른으로서 살아가는 우리 삶에 내재되어 있는 어떤 불안과 공포에 대해, 또한 지키고 싶고 지켜야만 하는 우리 일상과 여러 소중한 것들에 대해 이야기 나누고 싶습니다. 그 과정을 통해, 조금이라도 더 우리의 삶이 예전처럼 단순해질 수 있기를 바라면서요.

그럼 4월에, 꽃 피는 4월에 뵙겠습니다. 그때까지 모두 불안 없이 평안하시길.

멀리서 4월의 큐레이터 이석원 올립니다.

2023년 4월
이석원 드림

비둘기

파트리크 쥐스킨트 소설, 유혜자 옮김
열린책들, 2020

우리가 누리는 평온함이라는 것은 실상 언제 깨어질지 몰라 불안한, 아주아주 얇은 유리 한 장 같은 것인지도 모릅니다. 조나단은 평생토록 일군 자신의 삶에 만족한 듯 보였지만, 실상 그가 이룬 모든 것은 그저 어느 날 갑자기 등장한 새 한 마리에 의해 박살이 나고 말 정도로 허약했던 것처럼요. _이석원

○ 정세랑

가라앉기보다 움직이길
택하는 사람들이 있다

―――――――――――――――――――――――――
―――――――――――――――――――――――――

2010년 <판타스틱>에 「드림, 드림, 드림」을 발표하며 작품활동을 시작했다. 소설집 『옥상에서 만나요』 『목소리를 드릴게요』, 장편소설 『덧니가 보고 싶어』 『지구에서 한아뿐』 『보건교사 안은영』 『피프티 피플』 『시선으로부터,』 『설자은, 금성으로 돌아오다』 『설자은, 불꽃을 쫓다』, 산문집 『지구인만큼 지구를 사랑할 순 없어』 등이 있다. 창비장편소설상, 한국일보문학상, 오늘의 젊은 예술가상을 수상했다.

안녕하세요? 정세랑입니다.

함께 읽고 싶은 책을 거의 반년 가까이 고른 것 같아요. 온전히 고를 수 있도록 넉넉한 시간을 주셔서 가을과 겨울 내내 즐거운 고민을 하며 보냈습니다. 책 이야기하는 것을 좋아하는 편이라 여러 번 제목을 불렀던 책들은 오랜 친구 같아도 일단 목록에서 지우고, 또 개인적으로는 근사한 독서 경험이었지만 이야기를 하려니 확산하지 않고 안쪽으로 침잠하는 책들도 책장에 잠들게 두고, 읽고 몇 주가 지나도 작은 돌개바람처럼 안쪽에서 에너지를 잃지 않는 책 두 권으로 후보를 좁혔습니다. 그러고도 손바닥을 양팔저울 삼아 고민하다가 고른 책이 『노마드랜드』입니다.

『노마드랜드』는 제시카 브루더의 2017년 책으로, 2021년에 서제인 번역가님과 엘리 출판사를 통해 한국에 번역되었습니다. 일률적으로 요약할 수는 없지만, 주로 2008년의 금융 사태로 집을 잃고 은퇴를 할 수 없게 된 중노년층의 사람들이 계절 일자리를 찾아 이동하며 살게 된 삶을 다루고 있습니다. 처음엔 잡지 게재용 기사였다가 단행본으로 완성되었고요, 2020년에는 클로이 자오 감독에 의해 영화화되어 찬사를 받기도 했습니다. 책과 영화의 매력이 크게 다르면서 상호보완적이어서 둘 다 좋아하게 되었습니다. 작가가 3년간 노마드들과 길 위에서 조우하며 써낸 책이니, 최초의 아이디어에서 지금의 결과물까지 몇 년째 변화하고 여행하며 세계 곳곳의 사람들에게 가닿고 있는 셈이에요. 내용과 퍼져나가는 형태가 닮지 않았나 생각하게 됩니다.

 이름이 많이 나오는 책이라고 고백해야 할 것 같습니다. 저도 읽을 때 외워야 할 이름이 늘면 부담스러울 때가 있더라고요. (목차를 이름들로 채우거나 맨 앞장에 가계도를 넣은 적이 있어 죄송합니다.) 아무래도 이 사람, 누구였더라? 하고 혼란스러워지지요. 그렇지만 이 책의 경우 이름을 다 기억하려고 노력하지 않아도 되는 책인 것 같아요. 순간순간의 장면만 따라가도 충분하고, 그 많은 사람들의 사연이 좀 섞여도 이상하지 않습니다. 캠프파이어의 어둑어둑한 빛 속에서 얼굴들이 닮게 보이는 것과 비슷하지요. 이름들을 잊고 흘리고 통과시키셔도 마지막 장을 덮고 나면 많은 것들이 남을 거예요. 한동안 만나는 사람에게마다 이 책 이야기를 하느라 바빴습니다.

 아주 조심스럽게 쓰인 책이어서 좋았습니다. 만약에 이 책이 잘못 쓰였더라면, 불행을 맞닥뜨린 사람들에 대한 섣부른

동정이나 실패하고 있는 경제 시스템에 대한 다급한 선언이 되었을 수도 있었을 것 같습니다. 다행히 책은 그 방향으로 미끄러지지 않았습니다. 집과 의료보험 중 하나만을 유지할 수 있게 된 상황에서도 가라앉기보다 움직이길 선택한 사람들의 무르고 단단한 표정을 포착하는 데 더 집중하지요. 전체에 대해 말하기 위해 실제 삶의 세부를 뭉개버리지 않도록 속도와 태도를 조절해냅니다. 세밀한 초상화들을 모아 지도를 만드는 종류의 보기 드문 작업이었습니다.

살아 존재하는 사람들에 대해 쓰는 일은 픽션을 쓰는 일보다 훨씬 어려울 거예요. 에세이를 한번 써보고는 픽션을 쓰는 것과는 완전히 다르다는 걸 깨달았어요. 자기 자신에 대해 쓰는 것도 힘겨운데, 다른 사람의 삶에 대해 쓰는 일은 비교할 수 없는 정교함과 신중함을 요구할 것입니다. 그것을 잘해내는 작가도 책도 무척 적은 것이 현실입니다. 무례하게 침입하거나 객체화하여 관찰하는 방식을 피하고, 다른 사람의 목소리를 낚아채 자신의 것인 척하지도 않으며 듣는 몸의 기울기를 조절하기는 뜻이 좋아도 항상 다다를 수 있는 경지가 아닌 것 같습니다. 단어 하나, 문장 한 줄에도 존중이 배어 있는 논픽션은 그래서 귀하지요.

저는 『옥상에서 만나요』에 수록된 단편소설 「이혼 세일」에서 정말 필요한 물건 몇 개만 가지고 이동식 주택에서 살기로 결정하는 인물에 대해 쓴 적이 있습니다. 딱 하나의 주제에 대해서만 쓴 단편은 아니지만, 의식주 중에 주가 생활의 기본 요소에서 벗어나 그로테스크하게 변질되어 사람들의 삶을 오히려 지배하고 있지 않은지 한참 고민할 때 쓴 이야기입니다. 주인공에게 다른 삶의 방식을 도모하게 하고 떠나게 할 때, 비현실적이거나 무책임한 이야기가 되지 않을지 끝까지 망설이며 썼던 기억이 납니다. 어떤 이야기들은 끝나고도 가끔 안부를 전해와서, 계절이 바뀔 때마다 없는 풍경 속에 서 있는 이동주택과 주인공을 떠올리게 되었지만요. 그랬기에 현실 속에서 유사한 선택을 한, 진짜 사람들에 대한 책을 만나고는 한 장 한 장을 몰입해 읽을 수밖에 없었는지도 모르겠습니다. 그리고 진짜 사람들은 언제나 픽션 속의 인물보다 경이롭습니다. 머릿속에서 지어내 구현해낼 수 없는 입체성이 한 사람, 한 사람의 살아 있는 사람들에게 있지요. 논픽션만의, 픽션이 탐내기 어려운 종류의 복잡한 아름다움을 자주 누리고 싶습니다.

책을 다시 펼쳐보며, 그 아름다움에 대해 함께 이야기해볼 시간을 기다리겠습니다. 여러 우려들이 여전하지만, 봄의 기쁨도 놓치지 않는 나날 보내시길요!

2022년 4월

정세랑 드림

노마드랜드

제시카 브루더 지음, 서제인 옮김
엘리, 2021

마지막 장을 덮고 나면 많은 것들이 남을 거예요. 한동안 만나는 사람에게마다 이 책 이야기를 하느라 바빴습니다. _**정세랑**

○ 윤가은

실패를
고백하는 법

영화감독. 첫 단편 <사루비아의 맛>을 시작으로 <손님> <콩나물> 등을 쓰고 연출했다. 이후 장편영화 <우리들>과 <우리집>을 쓰고 연출했다. 제37회 청룡영화상 신인감독상, 제53회 백상예술대상 영화부문 시나리오상 등을 수상했다. 영화를 정말 좋아하지만 영화 말고도 좋아하는 게 아주 많다. 산문집 『호호호』를 썼다.

안녕하세요. 저는 책발전소북클럽 2022년 5월의 큐레이터가 된 윤가은이라고 합니다. 누군가에게 편지를 쓰기 위해 책상에 앉은 건 아주 오랜만이라 무척 설레고 긴장된 마음입니다. 한편 아직 만나지 못한 여러분의 모습을 상상하며 독백에 가까운 첫인사를 건네고 있자니, 좀 멋쩍고 쑥스러운 기분이 들기도 합니다. 모쪼록 이토록 푸르른 5월에, 이렇게 재미난 인연으로 만나 뵙게 되어 정말 기쁘고 반가워요.

우선 제 소개부터 잠깐 드릴게요. 저는 영화를 만드는 사람입니다. 어려서부터 영화를 좋아해 영화인이 되기를 꿈꿨고, 오랜 세월 고군분투하다 가까스로 영화의 길로 들어선 지 어느덧 십 년이 훌쩍 흘렀습니다. 그동안 <손님> <콩나물> <우리들> <우리집> 같은 여러 장단편 영화들을 만들었는데요, 모두 저예산의 독립영화들이라 그런지 여전히 제목조차 처음 들어보시는 분들을 더 많이 만난답니다. 그래도 그간의 경험을 바탕으로 최근 『호호호』라는 작은 산문집 한 권을 출간하게 되었고, 덕분에 책발전소와도 인연을 맺고 여러분까지 만나게 되었으니, 역시 영화 만들길 참 잘한 것 같아요!

이 봄, 제가 여러분과 함께 읽고 싶은 책은 노라 에프런의

『내게는 수많은 실패작들이 있다』입니다. 혹시 노라 에프런에 대해 알고 계시나요? 1941년 뉴욕에서 태어난 그녀는 저처럼 영화를 만드는 사람이었습니다. 물론 저와는 완벽히 다른 삶을 살았지만요. 그녀는 할리우드의 유명 시나리오 작가였던 부모의 영향으로 일찍부터 작가를 꿈꿨고, 대학 졸업 후 여러 언론사에서 기자로 일하며 다수의 소설, 에세이, 희곡 등을 집필해 베스트셀러 작가로 먼저 이름을 날렸습니다. 그녀는 다소 늦은 나이에 시나리오 작가로 전향했는데, <해리가 샐리를 만났을 때>의 각본을 썼을 때는 47세, <시애틀의 잠 못 이루는 밤>으로 감독으로 데뷔했을 때는 무려 51세였습니다. 이후 그녀는 2012년 71세의 나이로 별세할 때까지 다방면에서 왕성한 창작활동을 계속해나갔는데요, 이 책은 그녀가 세상을 떠나기 2년 전 남긴 마지막 에세이입니다.

이 책의 원제는 'I Remember Nothing(아무것도 기억나지 않아)'입니다. 저는 이 책을 2012년 '철들면 버려야 할 판타지에 대하여'라는 제목의 번역본으로 처음 만났습니다. 막 삼십대로 접어든 무렵 영화학교에 들어가 한참 좌충우돌하던 어느 날, 한 동기가 갑자기 이 책을 제게 선물했어요. 제가 꼭 읽었으면 좋겠다고, 분명 좋아할 거라면서요. 솔직히 그땐 영 읽을 마음이 나지 않아 책장에 고스란히 꽂아둔 채 이따금 책 등을 곁눈질하기만 했답니다. 부끄러운 고백이지만, 당시 잘나가던 동기들 사이에서 늘 주눅들어 지냈던 저는 책제목이 꼭 저한테 하는 소리 같아(그만큼 나이 먹었으면 실현 불가능한 꿈은 버리고 어서 철 좀 들어라?) 괜히 찔리고 심통이 났었거든요.

또 한편으로는, 노라 에프런의 영화를 좋아하긴 했지만, 늘 메이저 세계에 속했던 그녀가 언제나 마이너로 살아갈 것만 같은 제게 어떤 공감과 영감이 될 수 있을까 의심스럽기도 했어요. 그렇게 저만의 오해와 편견에 사로잡혀 책을 들춰볼 생각도 하지 못한 채 어느새 10년의 세월이 훅 흘러가버렸답니다.

그러다 작년 가을, '내게는 수많은 실패작들이 있다'라는 새로운 제목으로 그녀의 책을 다시 만나게 되었어요. 긴 번아웃의 터널을 막 빠져나와 한창 다음 작품 준비로 고군분투하던 저는 이 제목을 보자마자 가슴이 두근거렸습니다. 노라 에프런 같은 거장이 자신에게도 망작이 있다고, 그것도 하나가 아니라 수많은 실패가 있었다고 고백하는 글이라니! 책장을 넘기기도 전에 위로와 용기를 얻는 기분이었고, 그래서 책이 출간되자마자 사서 정신없이 읽기 시작했습니다.

너무나 매력적이었습니다. 글도, 그녀의 삶도, 그녀 자체도요. 페이지가 줄어드는 게 아까울 정도로 그녀의 신랄하고도 다정한 유머에 푹 빠져들었습니다. 다양한 일상의 일화들을 재밌고 가볍게 풀어가다 끝내 삶의 뼈아픈 진실에 다가서고야 마는 그녀의 통찰에는 몇 번이나 숨이 턱 막혀오기도 했고요. 무엇보다, 나와는 완전히 다른 종류의 사람이라고 믿어왔던 그녀가 실은 이렇게도 나와 비슷한 사람이었다는 것을 깨닫게 된 것이 놀라운 충격과 감동으로 다가왔습니다. 이토록 솔직한 심경을 우아하고 유쾌하게 전달하는 그녀의 깊은 내공에 대해서는 새로운 존경과 동경의 마음이 가득 차올랐고요. 그리고 도대체 이렇게 멋진 책이 왜 이제야 출간된 건지 의아해하며 책장을 덮었을 때야 비로소 깨닫게 되었습니다. 이 책이 바로 10년 전 선물 받은 뒤 펼쳐보지도 않은 채 남몰래 미워하기만 했던 그 책의 재출간본이라는 것을요. 어찌나 창피하고 민망하고 미안하던지…… 그날 밤 저는 제 일기장에 돌고 돌아 이 책을 다시 만나게 된 기적에 대한 감사와 함께, 노라 에프런과 10년 전 그녀의 책을 선물해준 동기에 대한 오랜 오해를 사과하는 긴 반성문을 적어두었습니다.

어쩌면 그 반성의 연장선으로 이 책을 여러분께 소개하는 걸 지도 모르겠어요.

 이런. 한참 신나서 떠들다보니, 책 내용과는 별 상관 없는 이야기를 잔뜩 늘어놓은 건 아닌지 살짝 걱정되네요(정말 재밌는 글이라 혹 스포일러가 될까 싶어 직접적인 내용 소개는 안 하려고 마음먹긴 했습니다만). 사실 저는 누군가에게 책을 권하고 소개하는 일에 큰 부담을 느끼는 사람입니다. 책을 읽는 일에는 기본적으로 상당한 시간과 노력, 정성이 들어가는데다, 글이란 건 늘 예민하고 날카롭게 영혼을 실어나르기 때문에 사소한 단어 하나, 문장 하나에 마음이 걸리고 다칠 때도 많으니까요. 제목 하나에, 작가의 이력 몇 줄에 이렇게 책을 펼치기도 전에 등돌려버리는 저 같은 사람도 있는 마당에, 책을 이토록 사랑하시는 여러분께 과연 어떤 책을 어떻게 소개하는 게 좋을지 얼마나 고민했는지 모릅니다. 어쩌면 그래서 지레 겁먹고 이런 방식으로나마 모쪼록 잘 부탁드린다고 은근슬쩍 간청드려보는 건지도 모르겠어요.
 저는 이 멋진 책의 첫 장을 여는 데 십 년의 세월이 걸렸지만, 부디 여러분은 단숨에 흠뻑 빠지실 수 있기를, 그리고 저보다 더 큰 위로와 힘을 잔뜩 얻어가시길 바라는 마음뿐입니다. 여러분께 이 책을 소개할 수 있어 진심으로 기쁩니다. 같이 읽고 많은 이야기 나누어요.

2022년 봄

윤가은 드림

내게는 수많은 실패작들이 있다
우아하고 유쾌하게 나이든다는 것

노라 에프런 지음, 김용언 옮김
반비, 2021

너무나 매력적이었습니다. 글도, 그녀의 삶도, 그녀 자체도요. 페이지가 줄어드는 게 아까울 정도로 그녀의 신랄하고도 다정한 유머에 푹 빠져들었습니다. _윤가은

박혜진

불길 속에서도
견디고 살아남는 것

2011년부터 현재까지 출판사 민음사에서 일해온 문학편집자이자, 2015년 <조선일보> 신춘문예에 당선되며 비평활동을 시작한 문학평론가이다. 초대형 베스트셀러 『82년생 김지영』을 편집했다. 현재 격월간으로 발행되는 문학잡지 <릿터>의 편집장이다. 비평집 『언더스토리』와 서평집 『이제 그것을 보았어』를 출간했으며, 젊은평론가상, 현대문학상 평론 부문, 문화체육관광부 장관 표창, 김종철시학상 평론상 및 한국출판편집자상 특별상을 수상했다.

안녕하세요, 문학평론가 박혜진입니다. 어떤 책을 추천하면 좋을까, 전에 없이 긴 고민의 과정이 있었습니다. 근사한 문학작품을 고르고 싶기도 하고, 누가 읽어도 재미있는 작품을 고르고 싶기도 했거든요. 물론 그 두 가지를 충족시켜주는 작품을 최우선으로 고려했지만요. 고민 끝에 제가 선택한 소설은 스웨덴의 국민작가 헤닝 만켈의 마지막 소설입니다. 우선 밝혀야 할 것은, 제가 마지막 소설을 좋아한다는 얘기일 것 같아요. 특히 대가의 마지막 작품을요.

감탄만큼이나 실망도 많고, 따지고 들면 마지막 소설이 이전 소설보다 더 탁월해야 할 이유도 없지만, '말년의 양식'이라는 개념이 꽤히 지지받는 게 아니라고 생각해왔어요. 에드워드 사이드는 예술가들의 노년에 발견되는 기이한 특성을 '말년의 양식'이라 불렀어요. 보통 노년이라고 하면 원숙하고 적절한 해결에 이르고 질서정연할 거라고 생각하지만, 오히려 그 반대를 보이기도 한다는 거죠. 이를테면 모순적이고 비타협적인 작품으로 독자들을 더 혼란에 빠뜨리는 방식으로. 한 분야의 전문가가 생의 마지막에 자신의 온 경험을 동원해 자기만의 집을 짓는다고 할 때 그 집은 전성기 때 지은 집보다 덜 매력적일 수 있지만, 그 작가의 영혼은 한층 자유롭게 담길 수 있을 거예요. 저는 끝내 해결하지 못한 그 난제들을 읽는 게 늘 좋았습니다.

헤닝 만켈의 마지막 소설 『스웨덴 장화』도 이 작가만의 '말년의 양식'이 담긴 작품입니다. 『스웨덴 장화』는 조금만 지루해질 것 같으면 삶에 대한 무서운 통찰을 보여주고, 형사물로 수천만 부 이상의 판매고를 올린 작가답게 내내 미스터리한 분위기를 유지하고, 결국엔 인간에 대한 애잔함과 인간관계에 대한 근본적인 질문을 품게 만드는 작품입니다. 무엇보다 인간의 알 수 없음에 대해, 누군가를 안다고 말할 수 없음에 대해, 나아가 나 자신에 대해서도 마찬가지라는 점에 대해 비유하는 우아한 스릴러물이라고 할 수 있겠네요. 거기다 죽음과 노년에 대한 통찰은 덤이겠고요. 드라마틱한 전개를 기대한 분이라면, 또 숨가쁜 명문들을 쉴새없이 쏟아내는 작품을 기대한 분이라면 조금 실망하셨을 수도 있을 것 같아요. 하지만 다소 밋밋한 피부 아래 뜨거운 피가 흐르고 있는 소설이라는 데에 공감할 분도 많을 줄 알아요.

소설이 진행되는 동안 긴장감을 조성하는 것은 두 가지입니다. 하나는 불탄 집의 전말이에요. 어느 가을밤, 스웨덴의

외딴섬에 있는 집에 불이 납니다. 그 안에서 자고 있던 주인공 프레드리크 벨린은 그 순간 죽은 목숨이나 다름없었죠. 불빛에 잠에서 깬 덕분에 목숨을 건졌지만 순식간에 집이 폐허로 변하면서 그에게 남은 것은 캠핑카와 텐트, 보트, 그리고 짝짝이 고무장화가 전부인 상황이 됩니다. 그런데다 어째 분위기가 이상하게 흘러갑니다. 경찰 조사 결과 불이 날 만큼 자연적인 이유는 없다는 겁니다. 더불어 불이 주택의 네 지점에서 동시에 발화한 것으로 보아 방화로 의심된다는 것인데, 방화라면 원인은 두 가지로 좁혀집니다. 집주인에 의한 방화, 집주인에게 원한을 가진 누군가의 방화. 자신이 용의선상에 오른 것이 황당하기 짝이 없는 벨린은 내가 뭣하러 집에 불을 지르겠냐고 펄쩍 뜁니다. 그렇다면 남은 가능성은 하나밖에 없겠네요. 누군가가 벨린을 죽이려 했다는 것. 그렇다면 왜?

문학성 있는 현대소설 대부분이 그렇듯 이 소설도 범인을 찾는 데 혈안이 되는 구조가 아닙니다. 그러나 형사물의 대가답게 절대 긴장감을 늦추지 않고 괜히 옆길로 빠지지도 않습니다. 해안가에 드나드는 힘 빠진 파도처럼 느슨해 보이는 이 소설은 정적이고 고요하게 전개되면서도 속속 등장하는 인물들의 사정이 드러나며 단순한 이야기에 겹겹의 막을 드리웁니다. 할아버지가 구입한 섬에서 살고 있는 이 남자의 일상을 도와주는 사람들이 죄다 수상합니다. 또는 그와 멀찍이서 서로의 존재를 알아왔던 관계들도 어째 석연치 않습니다. 벨린은 이들을 면밀하게 관찰합니다. "지금까지는 한 번도 엄두가 안 나서 하지 못했던 일"을 하기도 하면서요. 이를테면 늘 고독해 보이는 이웃의 집 문을 두드리는 것 같은. 그러한 관찰은 때로는 관심으로, 때로는 의심으로, 그러나 대체로 관찰 수준에서 이뤄집니다. 그리고 무엇보다 벨린은 스스로를 관찰합니다. 어쨌든 지금으로서는 집주인이 가장 의심스러운 용의자니까요.

 방화는 우리 삶에서 흔히 경험할 수 있는 일이 아닙니다. 아주 특별한 사건이지요. 그런데 이런 특별한 (때로는 특수한 불행들까지 포함한) 사건들이 우리에게 보여주는 것이 있습니다. 사소한 일상의 이면들입니다. 방화 사건 이후 용의자로 의심받으면서, 또 누군가를 용의자로 의심하면서, 벨린은 주변 사람들에 대한 관심, 가족에 대한 상념, 지속해나갈 수 없는 욕망 앞에서 작아지는 스스로에 대한 자기 연민에 이르기까지, 일상의 틈바구니에 끼어 있을 때에는 발견하지 못했던 일상의 미세혈관들을 마주합니다. 특별한 사건으로 인해 일상이 멈췄을 때 비로소 일상의 진실은 얼굴을 드러냅니다. 그러나 진실은 이내 변합니다. 손에 잡히질 않죠. 거짓이 단단한 것과 달리 진실은 언제라도 금세 다른 모습이 됩니다. 관점을 조금만 바꿔도요.

불안한 진실 앞에서 벨린은 이전에는 별 관심을 두지 않았던 모두의 어둠에 대해 상상합니다. 누군가 자신의 집에 불을 냈다면 그럴 만한 이유가 있을 테니까요. 그러자 모두가 의심스러워집니다. 그리고 의심 한편으로, 고독한 그들의 실존이 눈에 들어옵니다. 오랫동안 알고 지냈다고 해서 꼭 서로를 아는 것도 아니라는 흔한 진실을 뼈아프게 깨닫기도 합니다. 그리 놀랄 만한 것도 아닙니다. 실상 우리가 타인에 대해 알면 얼마나 알겠습니까. "어떤 사람이 하는 말을 믿는다는 건 항상 위험을 감수해야 하는 일이"고 관계의 실체란 서로를 잘 모르고 있다거나 잘못 알고 있었다는 것, 아무리 좋게 봐도 일부만을 알고 있음에 지나지 않을 텐데요.

다른 한편 벨린은 고립과 단절을 통해 자신이 주변과 연결됩니다. 주인공은 이 사건을 통해 완전히 혼자가 되었다는 상념에 빠집니다. 우리는 타인과 연결되어 있지만, 그 연결을 인식하는 것은 역설적이게도 혼자가 되었을 때입니다. 그러나 연결은 보고 싶지 않고 알고 싶지 않은 것을 알려줍니다. 그리고 그 대상은 주인공 벨린이 되기도 합니다. 우리는 벨린에 대해 알다가도 모르겠고, 모르겠다가도 알 것 같습니다. 범인은 정말 누구일까요. 순간순간 튀어나오는 벨린의 사악한 마음 앞에서는 이내 당황스러워지기도 합니다. 갑자기 거짓말을 한다든가, 자신의 요구를 곧바로 들어주지 않는 사람을 공격하고 싶어한다거나. 이런 악함은 우리의 마음속에서도 흔히 벌어지는 일이고, 그럴 때면 인간이란 정말 알 수가 없는 존재라는 생각이 머리를 스칩니다. 확실한 것은, 인간은 우리가 보고 있는 모습 이면에 우리가 상상할 수 없는 다른 면을 가지고 있다는 것입니다.

 그럼에도 우리는 사람을 믿고 싶어합니다. 소설의 맨 밑바닥을 흐르는 플롯은 그의 스웨덴 장화입니다. 불이 난 후 짝짝이 장화밖에 없는 벨린은 자기 마음에도 맞고 발에도 맞는 장화를 사러 가지만 새로 주문을 해야 한다는 얘기를 듣습니다. 그러나 시간이 지나도 장화는 좀처럼 도착하지 않습니다. 이런저런 사정들이 생기고, 그사이 벨린은 이 늙은 나이에 무엇인가를 새로 시작한다는 것에 대해 무한한 의심을 품게 됩니다. 불타버린 집을 새로 짓는 일도, 마음속에 들어온 한 사람을 좋아하는 일도, 데면데면한 딸과 '가족'이 되는 일도…… 그러나 그는 마음에 맞고 발에도 맞는 신발이 오기를 바라는 것을 포기하지 않습니다. 매일 죽음을 생각하는 나이가 되었다고 해도, 눈앞에서 내 전부가 불타 없어졌다고 해도, 내 삶을 내가 살아가겠다는 의지를 놓아버리지 않습니다.

  소설을 다 읽고 났을 때 제 마음에 남은 건 화재를 견디고 남은 '구두 골'이었습니다. 살다보면 집이 불에 타는 것처럼 많은 것을 잃어버리는 일이 생길 수 있습니다. 그럴 때마다 그 구두 골을 생각해볼 일입니다. 중요한 건 다 타는 와중에도 남는 것이 있다는 사실입니다. 불길 속에서도 견디고 살아남는 것. 헤닝 만켈의 마지막 소설이 우리에게 남긴 유언입니다.

2024년 8월
박혜진 드림

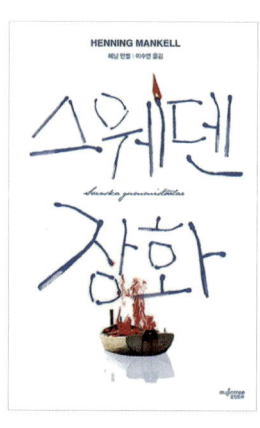

스웨덴 장화

헤닝 만켈 소설, 이수연 옮김
뮤진트리, 2018

그는 마음에 맞고 발에도 맞는 신발이 오기를 바라는 것을 포기하지 않습니다. 매일 죽음을 생각하는 나이가 되었다고 해도, 눈앞에서 내 전부가 불타 없어졌다고 해도, 내 삶을 내가 살아가겠다는 의지를 놓아버리지 않습니다. _박혜진

○ 장인성

달리고 걷고 뛰고 헤엄치고 웃고
땀 흘리는 세계

브랜딩하는 사람. 마음을 움직이고 생각을 바꾸게 하는 일을 한다. 『마케터의 일』『사는 이유』를 썼다. 쉬는 것보다 노는 것을 좋아한다. 배우고 만드는 것을 좋아한다. 해보고 싶은 것이 많다.

안녕하세요, 책발전소북클럽 멤버 여러분. 장인성입니다. 멤버분들께 책을 추천하며 편지를 쓰려 앉으니 편지를 읽어볼 여러분들의 방, 여러분들의 얼굴이 눈앞에 그려집니다. 다시 인사를 건네요. 안녕하세요—

어떤 책을 함께 읽으면 좋을까, 이 편지와 함께 실제 책을 들고 있을 여러분들을 생각하니 이 고민이 즐거웠어요. 집 이야기를 함께 읽어볼까, 일에 관한 책을 고를까 하다가 이 책 『걷는 사람, 하정우』를 골랐습니다. 움직이는 즐거움 그리고 몸과 마음이 건강한 삶을 나누려고요.

올해 초에 저는 가벼운 우울증을 겪었습니다. 멀쩡히 있다가 눈물이 났어요. 살면서 처음 겪어보는 일이었습니다. 음, 여러 가지 사소한 것들이 정리되지 않은 채로 두 달여 지속됐습니다. 제주를 떠나 도시로 돌아왔고, 일에 대한 고민도 있었고, 새로 쓴 책에 대한 기대도 스트레스에 한몫했을 것 같습니다. 짜증이 수시로 반복되다가 아무것도 아닌 작은 일에 불쑥 화가 났어요. '아니, 이게 말이 되냐고—' 짜증을 내다가 '아니, 뭐 이런 아무것도 아닌 걸로 짜증을 내—' 하면서 내가 미친 것처럼 보이는 거예요. 이렇게 한 번 터지고 나면 곧 무기력해졌습니다. 웃지도 않고 놀라지도 않고, 맛있는 걸 먹어도 맛있지도 않고, 아내가 간단한 걸 물어도 기운이 없어서 대답을 못 하겠는 상태. 말을 할 기운이 없는 건지, 생각할 기운이 없는 건지도 모르게 아무것도 할 수 없었습니다.

기분이 꿀꿀할 때 저는 달리기를 합니다. 가볍게 달리고 오는 길에는 힘이 나요. 활짝 웃으며 들어옵니다. 힘을 썼는데 힘이 나다니 신기한 일이죠? 이 신기한 일은 뛸 때마다 일어납니다. 물론 꿀꿀할 때만 달리는 건 아닙니다. 달리기는 이미 생활의 일부분이죠. 근데, 이번 일을 겪으면서는 달리기도 할 수 없었습니다. 달리러 나갈 힘이 없었어요. 옷 갈아입고 현관에서 러닝화를 신기만 하면 그다음은—달리기는 저절로 된다는 걸 알고 있었지만, 알아도 할 수가 없었습니다.

"밥 먹었으니 산책을 하고 올까? 30분만 가볍게 걷고 오자."

아내가 이야기했습니다. 긴 우울증의 터널을 지나온 아내는 알고 있었어요. 이럴 때 몸을 움직이는 일이 얼마나 중요한지. 그저 걷는 것이 마음을 얼마나 낫게 할 수 있는지. 저는 거절할 힘이 없더라구요. 거절할 힘이 없어서 따라나섰습니다. 웃기죠. 힘차게 걷거나, 목표 지점이 있다거나 그런 걷기는 전혀 아니었습니다. 집을 나서서 집에서 먼 방향으로 15분 걷고, 다시 돌아오면서 15분을 걸었어요. '별거 아닌 일로 왜 그랬지?' 조금 나은 기분이 들었습니다. 이내 다시 가라앉긴 했지만.

> 육체 피로는 몸을 움직이지 않고 내버려두면 어느 정도 회복된다. (…) 하지만 정신적 에너지가 고갈되면 이런 방식으로는 절대 회복되지 않는다. 단언컨대 무작정 가만히 누워 있는 것으로는 해결되지 않는다. (…) 나는 힘들수록 주저앉거나 눕기보다는 일단 일어나려 애쓴다. 몸과 마음이 완전히 고갈되었다는 느낌이 들 때 오히려 운동화를 신고 밖으로 나간다.
>
> _하정우, 『걷는 사람, 하정우』 중에서

물론 걷기와 달리기는 스트레스와 우울증 때문에 하는 건 아닙니다. 그 행위가 주는 즐거움 때문에 하는 거죠.

"숨차고 땀내며 움직이는데 즐겁다니. 저는 아닌데요—"

편지지를 든 손을 떨며 고개를 도리도리하는 모습이 보이는 것 같습니다. 네, 그 마음 저도 알아요. 저도 그렇게 굳게 믿으면서 30여 년을 살았는걸요. 몸을 움직이는 즐거움을 알기 전까지는 말이죠. 저도 멤버분들과 마찬가지로 책을 좋아하고, 생각하기를 좋아하고, 영화와 음악을 즐깁니다. 맛있고 아름다운 것들을 좋아하는 정적인—감각적이고 지적인 즐거움을 압니다. 그리고, 15년 전 우연히 한 번 달리기를 하고 나서 저에게 새로운 세계가 열렸어요. 달리고 걷고 뛰고 헤엄치고 웃고 땀 흘리는 세계 말이죠.

걷기는 가장 쉽고도 매력적인 움직임입니다. 우리는 긴긴 겨울을 지나왔습니다. 따스한 3월의 햇볕을 맞으며, 바람을 느끼며 걸어보세요. 걸어보지 않은 길을 걸어보세요. 아는 길도 걸으면 새롭게 느껴집니다. 제 편지와 하정우님의 책이 여러분의 등을 밀어줄 수 있기를 바랍니다. 하정우님의 글은 꾸밈없이 솔직하고 건강미가 넘칩니다. 뚜벅뚜벅 걷는 걸음처럼 쉽게 읽을 수 있을 거예요. 읽다보면 어느새 책을 덮고 걸으러 나가고 싶어질지도 모릅니다. 매일 차 타고 다니던 길을 내일은 걷고 싶을지도.

이 책을 권하는 것은 당신의 몸과 마음의 건강을 빈다는 뜻입니다.

많이 걸으시기를,

그리고 부디 건강하시기를—

2024년 3월

장인성 드림

걷는 사람, 하정우

하정우 지음
문학동네, 2018

이 책을 권하는 것은 당신의 몸과 마음의 건강을 빈다는 뜻입니다. 많이 걸으시기를, 그리고 부디 건강하시기를— _**장인성**

2부

책을 좋아하는 사람으로

사는 행운

책과 자신의 삶이 분명 상관있다고 믿는 영혼들을 위하여

김초엽

일상 속에 슬쩍 놓인
가까운 환상들

2017년 제2회 한국과학문학상 중단편 대상 및 가작을 수상하며 작품활동을 시작했다. 소설집 『우리가 빛의 속도로 갈 수 없다면』 『방금 떠나온 세계』, 중편소설 『므레모사』, 장편소설 『지구 끝의 온실』 『파견자들』, 논픽션 『사이보그가 되다』(공저), 산문집 『책과 우연들』 『아무튼, SF게임』 등을 썼다.

판타지를 좋아하시나요? 저는 어릴 때부터 아주 좋아했답니다. '해리 포터' 시리즈의 신간이 나오는 날이면 아빠가 어디서 소식을 듣고 얼른 서점에 들러 책을 구해다주셨는데, 그런 날은 이불에 푹 파묻혀 아침이 될 때까지 책을 읽었죠. 인터넷 게시판에서 연재되던 작가들의 소설을 나날이 챙겨 읽던 날들도 있었고요. 작가님이 하루에 몇 편씩 업로드하며 '연참'이라도 해주면 얼마나 기쁘던지. 차원 이동과 환생을 겪은 먼치킨 주인공이 세계를 휘어잡는 이야기는 왜 그렇게 읽어도 읽어도 재미있기만 하던 걸까요. 소설과 만화, 게임, 드라마를 가리지 않고 제 삶의 일부는 언제나 '비현실'의 세계에 붙박여 있던 것 같아요.

 무한히 넓고 다채로운 환상의 세계 속에서도 제가 유독 좋아했던 건, 현실과 환상이 스치듯 지나치는, 혹은 뻔뻔하게 겹치는 부분들이었어요. 이를테면 킹스 크로스 역의 9와 4분의 3번 승강장을 통해 마법 세계로 들어서는 순간, 한적한 마을에 파란색 경찰 공중전화박스가 깜빡이며 나타나고 그 안에서 뚱한 표정의 외계인이 고개를 내미는 순간 같은 것들. 평범하게 살아가던 고등학생이 어느 날 눈을 감았다 뜨니 다른 차원에 와 있고, 모니터 앞에서 새로 런칭한 게임을 시작했는데 갑자기 내가 가죽 갑옷을 걸치고 술집 주인의 퀘스트 안내를 듣고 있는, 그런 '진입'의 순간들 말이에요. 그런 순간들은 이야기 속의 환상이 아주 멀리, 존재하지 않는 가상의 세계에만 있는 것이 아니라, 정말로 이 세계에도 존재할 수 있겠다고 말해주는 기분좋은 속삭임 같았거든요. 영원히 물이 빠지지 않는 달콤한 풍선껌 같은 그 환상을 내내 곱씹은 덕분에, 저는 이제 환상을 믿지 않으면서도 환상의 힘은 여전히 믿는 사람이 되었고요.

이유리 작가의 『브로콜리 펀치』는 제가 사랑하는 진입의 순간들로 가득찬 소설집입니다. 우리의 현실만큼이나 팍팍하고 서글픈 『브로콜리 펀치』의 현실 세계 속에서 꿋꿋이 살아가던 인물들은 어느 날 느슨한 환상의 세계로 진입하게 돼요. 갑자기 몸이 투명해지고, 말하는 이구아나를 만나고, 팔 한쪽이 브로콜리로 변하고 하는 식이지요. 어떤 환상은 솜사탕 같고 어떤 환상은 바스락 부서지는 낙엽 맛이 나는데요. 어느 쪽이든 그 새로운 세계와의 만남은 인물들의 삶을 다른 곳으로, 이전에는 갈 수 없었던 장소로 데려다놓습니다.

제가 처음으로 만난 이유리 작가의 소설은 「치즈 달과 비스코티」였어요. 『2021 올해의 문제소설』이라는 선집에 제 단편 하나를 실었다고 출판사에서 책을 보내주셔서, "음, 문제소설이라니, 기분이 좋은걸, 또 뭐가 실렸을까" 하며 뒤적이다가 또다른 문제소설, 이유리 작가의 작품을 발견하게 됐죠. 매력적인 제목에 끌려 읽어나가기 시작하는데 글쎄, 돌멩이와 대화할 수 있는 주인공이 나오는 거예요. 특히 비스코티 과자와 비슷하게 생긴 조면암과의 친분이 각별하죠. 주인공은 어머니의 눈물과 압박, 수많은 심리상담가와의 상담, 치료센터의 글쓰기 치료에도 절대 굴하지 않고 돌멩이들과의 우정을 이어갑니다. 그러다가 치료 모임에서 쿠커라는 또다른 이상한 남자를 만나고, 그와의 전쟁인 듯 우정인 듯 기묘한 인연이 시작되죠. '뭐야, 이 바보 같고 이상한데 미워할 수 없는 인물들은.' 그렇게 홀린 듯 끝까지 읽어내려간 저는 결말을 보고 그대로 퐁당, 이유리 유니버스에 빠지고 말았답니다.

어딘가 환상성을 현실의 일부인 마냥 끌어안고 있는 『브로콜리 펀치』의 세계들은, 현실과 그다지 많이 떨어져 있지는 않아요. 그리고 저는 그게 무척 좋았어요. 아주 먼 이야기, 머리가 핑핑 도는 아득한 세계의 이야기들만이 우리에게 해줄 수 있는 것도 있지만, 그래도 너무 멀리 가면 돌아오는 길이 조금은 쓸쓸하잖아요. 베란다에 놓인 화분처럼, 거실의 수조에서 헤엄치는 물고기처럼, 일상 속에 슬쩍 놓여 있는 이 가까운 환상들이 우리에게 꼭 필요한 순간이 분명 있을 거예요. 그 환상을 만나는 순간이 무척 행복하리라는 것은 더 말할 필요가 없겠죠.

2022년 2월
김초엽 드림

브로콜리 펀치
이유리 소설
문학과지성사, 2021

어떤 환상은 솜사탕 같고 어떤 환상은 바스락 부서지는 낙엽 맛이 나는데요. 어느 쪽이든 그 새로운 세계와의 만남은 인물들의 삶을 다른 곳으로, 이전에는 갈 수 없었던 장소로 데려다놓습니다. _김초엽

장류진

인생의 남은 페이지를 새로 써나가기를
주저하지 않는 사람들에게

연세대학교 사회학과를 졸업한 후 IT업계에서 약 10년간 일하다 2018년 창비신인소설상을 받으면서 작품활동을 시작했다. 소설집 『일의 기쁨과 슬픔』 『연수』, 장편소설 『달까지 가자』, 에세이 『우리가 반짝이는 계절』을 썼다. 제11회 젊은작가상, 제7회 심훈문학대상을 수상했다.

넷플릭스 <블랙 미러: 밴더스내치>를 보신 적 있나요? 이 영화는 '인터랙티브 무비'의 한 종류인데요, 문자 그대로 상호작용하면서 볼 수 있는 영화입니다. 이를테면 이런 식입니다. 아침식사를 앞두고 '콘푸로스트'를 먹을 것인지 '슈가퍼프'를 먹을 것인지 시청자인 내가 직접 고를 수 있습니다. 더 나아가 게임 개발을 같이 하자는 회사의 제안을 수락할지 거절할지, 동료가 건넨 정체 모를 약물을 받아먹을지 변기에 버릴지 등을 선택할 수 있고 이 모든 선택들이 스토리 전개에 영향을 줄 수 있습니다. 나의 사소하거나 무거운 선택들이 하나하나 모여 서로 다른 엔딩을 만들어냅니다. 마치 게임처럼요.

제가 어릴 때는 이와 비슷한 개념의 책이 있었습니다. 이른바 '끝없는 게임'류의 책인데요, 어떻게 이미 인쇄된 책으로 독자와의 상호작용이 가능할까요? 정답은 바로 책의 페이지를 활용하는 것입니다. 원리는 같습니다. 숨겨진 보물을 찾아 떠나기로 한 주인공의 이야기가 10페이지까지 펼쳐졌을 때 이런 문장이 나타납니다. "말을 타고 간다면 12페이지로, 걸어가기로 한다면 33페이지로 가시오." 만약 33페이지의 스토리가 마음에 들지 않는다면, 다시 10페이지로 돌아가서 12페이지를 선택할 수 있습니다. 12페이지부터 읽어나가다보면 또다른 선택지가 기다리고 있습니다. 한 권의 책으로 여러 가지 결말을 맛볼 수 있고 그중에서 가장 마음에 드는 결말을 고를 수 있습니다.

하지만 인터랙티브 무비의 엔딩을 보고 나면, '끝없는 게임'의 마지막 페이지를 덮고 나면, 반드시 현실 세계로 돌아와야 합니다. 우리가 발 딛고 있는 현실은 비가역적이고, 바로 그렇기 때문에 때로는 잔인합니다. 삶의 특정 페이지로 돌아가서 선택을 돌이킬 수 없습니다. 설사 대학교 졸업반인 당신이 무급 인턴으로 일하게 된 국회의원 사무소에서 출근 첫날 드레스코드를 잘 맞추지 못했더라도, 당신보다 나이가 스무 살 넘게 많은데다 유부남에 장성한 자식까지 있는 국회의원의 곧 이혼할 예정이라는 말, 당신을 사랑한다는 말을 곧이곧대로 믿었더라도, 혼란스러운 마음을 털어놓을 길이 없어 블로그에 익명으로 선거사무소에서 일어난 일들을 불필요하게 상세히—어떤 종류의 성관계를 했는지마저—적어두었더라도, 뒤이어 우연한 사건으로 인해 세상 모두가 그 사실을 알게 되었더라도…… 첫 출근을 앞두고 옷장을 뒤적이던 순간으로, 섹시하고 잘생긴 국회의원과 단둘이 선거사무소에 남아 있기로 결정하던 순간으로, 블로그에 글을 쓰고 발행 버튼을 누르기 직전의 순간으로 돌아갈 수는 없습니다.

  위 이야기는 제가 소개할 책, 『비바, 제인』 속 등장인물이 겪은 일입니다. 여기 유대계 미국인 두 사람이 있습니다. 어릴 때부터 정치 분야에서 일하고 싶어해서 정치학과 스페인어를 전공하고, 졸업을 앞두고서는 전도유망한 하원의원의 선거사무소에서 일하게 된 대학생 인턴. 그리고 또 한 사람은 인턴의 부모와 한때의 이웃사촌이자 아들과 부인이 있는 유부남이며, 세번째 선거를 앞둔 사우스 플로리다의 하원의원입니다. 이 두 사람이 성관계를 했을 때, 그리고 그 사실이 낱낱이 밝혀졌을 때, 비난의 집중포화를 맞는 사람은 누구일까요? '○○○ 스캔들'의 빈칸을 채우게 될 이름은 누구의 이름일까요? 옷차림이 어땠는지 질문받는 사람은 누구일까요? '걸레'라고 불리는 사람은 누구일까요? 누가 커리어를 중단하고, 누가 커리어를 이어나갈까요?

  우리는 이 질문들에 대한 답을 경험적으로 알고 있습니다. 슬프게도요. 하지만 분명 너무나 익숙한, 그래서 우리가 지겹도록 잘 아는 종류의 사건을 다루고 있음에도 이 소설은 결코 슬프지 않습니다.

놀랍게도 이 소설은 경쾌하고 발랄합니다.

놀랍게도 이 소설은 무척이나 재미있습니다.

놀랍게도 이 소설은 대단히 사랑스럽습니다.

비록 과거로 돌아가 선택을 바꿀 수는 없지만, 이 소설 속 인물들은 인생의 남은 페이지를 새로 채워나가기를 주저하지 않습니다. 나와 반대 방향으로 걷는 사람들이 맞은편에서 덤벼들어도 발걸음을 바꾸지 않고 가던 길을 계속 걸어나갑니다. 새로이 다음 페이지를 선택해나갑니다.

레이철, 제인, 루비, 엠베스, 아비바 다섯 여자의 이야기로 구성된 다섯 챕터를 모두 읽고 나면 다섯 개의 각기 다른 천을 이어 붙인 퀼트보가 마음속에서 펄럭이게 됩니다. 그걸 가슴께에 꼭 덮고 있으면 온기가 느껴집니다. 그 온기 속에서 때로는 막막하리만큼 끝없이 펼쳐진 눈앞의 현실을 다시 살아낼 용기가 피어오릅니다.

저는 이 책을 무척이나 좋아하고 아낍니다. 밑줄을 너무 많이 치는 바람에 말 그대로 책 자체를 아끼지는 못했지만요. 큐레이션 레터를 쓰기 위해 책을 다시 꺼내 보니 밑줄이 없는 페이지가 거의 없을 정도였습니다. 저는 이 소설에서,

말할 때마다 좋아서 발을 동동 구르게 되는 장면을 끝도 없이 고를 수 있습니다. 예를 들면 딸의 말을 엄마가 복창하는 장면, 풀장 위에 둥둥 떠다니며 '해리 포터'를 읽는 장면, 구두를 쇼핑하다 갑자기 제2차세계대전 이야기를 하는 장면, 공개 토론회에서 입 모양만으로 대화하는 장면…… 스포일러를 피하는 선에서 여기까지만 말하겠습니다. 어떤가요? 큐레이션 레터고 뭐고, 당장 책을 펼쳐들어 읽고 싶어지지 않나요? 곧 이 책을 읽고 난 뒤 독자분들의 마음과 기억에 남을 장면들이 무엇일지, 저는 굉장히 궁금합니다. 어떤 장면을 가장 좋아해주실지는 솔직히 잘 모르겠습니다. 다만 한 가지는 확신할 수 있습니다. 바로 한 가지 장면에만 몰표가 나오지 않을 것이라는 거예요. 이 책을 읽고 난 독자분들의 마음속에는 각자가 꼽는 '가장 좋아하는 장면'이 생길 것이고, 그것들을 차곡차곡 모으면 다시 이 책이 될 것이라고 생각합니다.

2021년 11월

장류진 드림

비바, 제인

개브리얼 제빈 소설, 엄일녀 옮김
문학동네, 2018

놀랍게도 이 소설은 경쾌하고 발랄합니다.
놀랍게도 이 소설은 무척이나 재미있습니다.
놀랍게도 이 소설은 대단히 사랑스럽습니다.
_장류진

○ 박상영

내 삶의 각도를 조금 변하게 해준
한 사람에 대하여

2016년 문학동네신인상에 당선되어 작품활동을 시작했다. 소설집 『알려지지 않은 예술가의 눈물과 자이툰 파스타』, 연작소설 『대도시의 사랑법』 『믿음에 대하여』, 장편소설 『1차원이 되고 싶어』, 에세이 『순도 100퍼센트의 휴식』 『오늘 밤은 굶고 자야지』 등을 썼다. 『대도시의 사랑법』은 2022년 부커상 인터내셔널 부문, 2023년 국제더블린문학상 후보에 올랐다.

안녕하세요, 책발전소북클럽 멤버분들. 잘 지내고 계신지요? 저는 소설가 박상영입니다. 날씨가 선선하고 마음이 요동치는 계절, 가을이 깊어가고 있습니다. 저는 사계절 중 가을을 가장 좋아하는데요. 이상하게 요즘 좀체 일이 손에 잡히지 않아 자괴감에 빠지곤 합니다. 하루종일 책상 앞에 멍하니 앉아 있는 날도 많고, 기분 전환을 위해 산책을 해도 곧잘 울적한 기분에 사로잡히게 된답니다. 요즘처럼 멜랑콜리한 날에는 (조금 진부하지만) '초심'이라는 단어를 떠올리고는 합니다.

초심初心.

첫 마음, 이라는 간결한 의미의 두 음절에 불과하지만 왠지 저에게는 매우 다채롭고 복잡한 단어처럼 느껴집니다. 처음을 대할 때 인간이 으레 품게 되는 설렘과 두려움, 신체적 긴장까지 모두 포괄한 표현이기 때문이겠지요. 이제는 어느덧 7년 차 작가가 되어 글쓰기가 노동의 동의어가 되어버렸지만, 처음 작가가 되었을 때는 그렇지 않았습니다. 신인상 소식을 알리는 전화벨, 처음 소설을 발표할 때의 설렘, 첫 원고료를 받았을 때 온몸에 퍼지던 따뜻한 온기…… 글쓰기가 노동이기 이전에 취미고, 꿈이며 또 내 모든 것이었던, 순수와 무지의 시절이지요.

저에게 박완서, 라는 이름은 '첫'이라는 표현과 가장 잘 어울리는 세 글자입니다.

일단 박완서 작가는 제가 태어나서 가장 먼저 읽어본 한국현대소설인 『아주 오래된 농담』의 저자이며, 뛰어난 서사와 참신하고 재기 어린 표현으로 저에게 한국소설의 매력을 가르쳐준 존재입니다.

저를 믿고 북클럽 도서를 신청해준 분들을 위해 비밀을 하나 털어볼까 합니다.

사실, 저는 박완서 작가님과 대화를 나눠본 적이 있습니다. 작가님께서 타계하신 지 10년 정도 됐으니 그와 대화를 해본 게 대단히 놀라운 일은 아니지만, 당시에 저는 일개 대학생에 불과했으니 그를 직접 만나볼 기회는 많지 않았지요.

작가님께서 돌아가시기 2년 전인 2009년, 저는 문학을 사랑하며, 우울하고 몽상을 하는 자신의 모습에 과몰입해 있었고, 때문에 외로울 때면 소설 비슷한 걸 끄적이던 대학생이었습니다. 그렇게 한 학기를 보낸 후 정신을 차려보니 A4용지 10장 분량의 소설이 완성되어 있었습니다. 신문방송학을 공부하고 있던 당시의 저는 제 소설을 읽어줄 사람을 찾을 수 없었습니다. 시험을 쳤는데 채점해줄 사람이 없는 것 같은 기분이었달까요? 독자를 찾아다니다, 대학생들을 대상으로 하는 문학상이 있다는 사실을 알게 되었고, 아무 생각 없이 제가 쓴 소설을 투고했습니다. 내가 원고를 보냈다는 사실조차 잊어버렸을 무렵, 저는 모르는 번호로 걸려온 전화를 받게 됩니다.

"박상영 학생 되시죠? K문학상 최종심에 오르셨습니다. ○월 ○일 ○시에 K대학교 소강당에서 열리는 시상식에서 최종 당선작이 발표되니까 꼭 참석해주세요. 불참 시 수상이 취소될 수 있습니다."

심사위원은 무려, 박완서 작가님이었습니다. 시와 소설 부문의 심사위원 모두가 참여한다고 하니, 그를 만날 수 있는 절호의 기회였습니다. 저는 고심했습니다. 갈 것인가, 말 것인가. K시는 서울에서 기차로 세 시간 정도 되는 거리였습니다. K시까지 왕복 기차비는 약 10만 원. 학생인 저에게는 일주일 생활비에 가까운 돈이었습니다. 그러나 상금이 100만 원이니까, 만약 상을 타게 된다면 그깟 10만 원은 문제도 아니었습니다. 저는 결국 K시로 가는 기차에 몸을 싣게 되었습니다.

산 넘고 물 건너 시상식장에 도착한 저는 저 말고도 세 명의 최종심 후보가 더 있다는 사실을 알게 되었고, 아니나다를까 보기 좋게 떨어지고 맙니다. 애타게 찾았던 박완서 작가님은 그러나 병환 때문에 참석하지 못하셨고, 몹시 실망하는 저를 위해 주최측에서 박완서 작가님과 짧게 통화를 할 수 있는 기회를 주셨습니다. "문장의 기본기가 탄탄하고, 서사의 감각이 좋다"와 같은 말을 해주셔서 큰 격려를 받았던 기억이 있습니다. 제 작품의 '첫 응답'을 해준 사람이 박완서 작가님이었던 셈이지요. 어쩌면 그때 박완서 작가님과의 통화로 말미암아 제 삶의 각도가 조금 변해버린 것일지도 모르겠습니다.

잡설이 길었습니다. 『두부』는 그런 박완서 작가님의 작품들 중에서 제가 손꼽아 아끼는 산문집입니다. 그 옛날 제가 읽었던 소설 『아주 오래된 농담』과 비슷한 시기에 발간됐고, 10대였던 제가 너무나도 '맛있게' 읽었던 산문집이기도 합니다. 북클럽에 추천하고 싶은 책이 있냐는 질문을 들었을 때 가장 먼저 떠오른 게 『두부』였으니, 어쩌면 제 인생책이라고 볼 수도 있겠네요.

여러분들에게 '제대로' 추천을 하기 위해 오랜만에 『두부』를 꺼내 읽었습니다. 판권면을 보니 초판이 2002년에 나왔네요. 20년이 지났는데도 정신없이 빨려들어가는 건 여전합니다. 마치 청양고추를 풀고 바글바글 끓여놓은 된장찌개처럼 포근하고 구수한 문장에, 칼칼하고 예리한 사유가 녹아들어 있습니다. 책을 읽으며 처음으로 한국문학의 세례를 받았던 10대의 박상영과 한국문학의 언저리에서 녹을 받아먹고 있는 30대 중반의 박상영이 손을 맞잡은 것 같은 묘한 기분도 느꼈습니다.

쌀쌀한 바람에 스산해진 여러분들의 마음을 돌아보며 산문집 『두부』를 읽어보시기를 바랍니다. 뜨뜻해진 마음을 안고 조만간 또 만나볼 수 있으면 좋겠습니다.

안녕.

2022년 11월

박상영 드림

두부

박완서 지음
창비, 2002

20년이 지났는데도 정신없이 빨려들어가는 건 여전합니다. 마치 청양고추를 풀고 바글바글 끓여놓은 된장찌개처럼 포근하고 구수한 문장에, 칼칼하고 예리한 사유가 녹아들어 있습니다. _박상영

김혼비

나의 천사는
덕후 중의 덕후였습니다

여전히 백지 앞에서 낯을 많이 가린다. 조금이라도 더 친해지고 싶어서 자꾸 그 위에 뭘 쓰는 것 같다. 『우아하고 호쾌한 여자 축구』『아무튼, 술』『전국축제자랑』(박태하와 공저) 『최선을 다하면 죽는다』(황선우와 공저) 등을 썼다.

안녕하세요, 책발전소북클럽 멤버 여러분! 반갑습니다. 저는 에세이를 쓰는 김혼비입니다. 미스터리 소설을 굉장히 사랑하는 미스터리 덕후이기도 합니다.

1. 미스터리를 처음 만난 건 초등학교 4학년 때였습니다. 반 친구가 빌려준 빨간색 문고본, 애거서 크리스티의 『쥐덫』이었어요. 밤을 꼬박 새워 읽었습니다. 이렇게 가슴을 옥죄듯 무서우면서도 흥미진진하고 마지막에 소름 돋는 반전으로 이야기 전체를 뒤집어엎어버리는, 그래서 되짚어 다시 읽게 하는 신선한 이야기가 존재할 수 있다니, 미스터리의 매력에 혼을 빼앗겼어요. 다음날 엄마를 이끌고 동네서점으로 달려갔는데, 그 놀라운 빨간 책들이 시리즈로 무려 수십 권 가까이 꽂혀 있는 거예요! 당장 뛰어들어 탐험하고 싶은 미지의 세계가 눈앞에 장대하게 펼쳐지는 느낌, 톰 소여나 허클베리 핀 못지않은 모험을 책으로 할 수 있을 것 같은 기분이었어요. 간밤에 읽은 책은 그들의 모험만큼이나 충분히 가차 없고, 어딘가 음험하면서, 도전적이었으니까요. 한 권을 골라 엄마에게 사달라고 부탁했는데, 슬프게도 아주 단호하게 거절당했습니다. 그럴 줄 알고는 있었지만 저는 너무나 애가 닳아서 조르고 또 조르고 나중에는 거의 떼를 썼지만 실패하

고 눈물이 그렁그렁한 채로 서점을 나왔던 것 같아요.

다음날 나중에 크게 혼날 각오를 하고 모아둔 세뱃돈을 헐어 다시 서점에 갔어요. 그런데 어제의 실랑이를 봤고, 평소에 책을 좋아하는 저를 예뻐하던 서점 아저씨가 선물로 한 권을 주시겠다면서 놀라운 제안을 했습니다. "이 책을 아주 깨끗하게 읽고 가져오면 다른 책으로 바꿔줄게. 그 책도 깨끗하게 가져오면 다른 책으로 또 바꿔줄게." 고작 10여 년을 산 어린이의 삶에 그렇게 감격스럽고 기적 같은 행운은 처음이었습니다. 아저씨와 맺은 밀약 덕에 저는 그 서점이 다른 지역으로 이전하며 동네에서 사라지기 전까지 그날 받은 책 한 권으로 서른몇 권의 빨간 책을 읽을 수 있었어요.

그후 입시에, 전공 공부에 치여 미스터리에 대한 관심이 시들했던 몇 년 동안에도 저는 서점 아저씨를, 그와 맺었던 다정한 밀약을 자주 떠올렸습니다. 그리고 커포티의 『인 콜드 블러드』를 읽고, 어린 시절 그날처럼 다시 미스터리의 세계로 빨려들듯 빠져들었던 어느 날 문득 깨달았어요. 당시에는 그저 천사 같은 어른이라고 생각했는데, 당연히 지금도 그렇게 생각하지만, 그는 천사인 동시에 뼛속까지 미스터리 덕후였다는 것을요. 크리스티의 대표작들을 빠짐없이 추천한 것도 그렇지만, 시리즈 순서가 뒤죽박죽 섞여 있으니 2번 책을 보려면 16번을 먼저 봐야 한다고 (출판사도 지키지 않은) 순서를 잡아준다든지, 푸아로와 미스 마플 중 누가 나오는 걸 보고 싶은지 묻고는 책을 골라준다든지, 와, 그러니까 그는 거의 백 권에 달하는 크리스티의 책을 빠삭하게 꿰고 있었던 거예요. 무엇보다 '찐' 미스터리 덕후들의 가장 큰 특징, '우리 장르'에 흥미를 느껴 찾아든 입문자를 절대 놓치지 않고 싶은 마음을 주체할 수 없어 최선을 다해 영업하는 것까지, 나의 천사는 덕후 중의 덕후였던 겁니다. 이제 막 크리스티와 사랑에 빠진, 하지만 책 살 돈은 없는 초등학생을 미스터리라는 근사하고 위대한 세계로 이끌 궁리 끝에 '책 한 권으로 수십 권을 더 볼 수 있게 해줄 방법'을 떠올렸을 그를 상상하면 마음 한켠이 벅차오릅니다. 그 간단하고도 기발한 발상은 과연 미스터리 덕후다운, 어떤 미스터리에서도 보지 못한 가장 다정하고 귀엽고 뭉클한 '트릭'이었습니다.

2. 그는 그 멋진 트릭으로 덕후를 길러내는 데 성공했습니다. 그 아이가 자라서, 그때 그분의 그 마음('우리 장르' 입문자를 절대 놓치고 싶지 않은 마음)을 훌쩍 넘어, '우리 장르'에 관심 없는 사람을 만나면 그때 그 서점에서 책을 사줄 수 없다고 단호히 말하는 엄마 앞에 다시 선 것처럼 너무나 애가

닳아서, '우리 장르'의 매력을 단 한 명에게라도 더 알리고 싶은 마음을 주체할 수 없어서, 11월의 책으로 『미스터리 가이드북』을 들고 나왔으니까요. 저는 이 책이 출간되자마자 사서 감탄을 연발하며 거의 모든 페이지에 줄을 긋고, 메모를 하고, 인덱스를 잔뜩 붙이고, 급기야는 노트에 필기도 하고, 책 속에 나오는 다른 미스터리를 사서 읽느라 이 책을 잠깐 쉬기도 하면서 아주 열광적으로 읽었습니다. 이 책 앞뒤 표지에 쓰인 모든 문구가 과장 하나 없이 정확했어요. 부제처럼 "한 권으로 살펴보는 미스터리 장르의 모든 것"이 정말로 총망라되어 있어서 "1) 미스터리에 막 흥미가 생겨 이왕이면 검증된 미스터리를 더 읽어보려는 당신, 2) 미스터리라면 웬만큼 읽어봤지만 전체적인 계보는 감이 잘 안 잡히는 당신, 3) 미스터리라는 '장르'에 관심이 생겼는데 제대로 정리된 자료가 없어 막막한 당신"에게 (미스터리 소설뿐만 아니라 이런저런 개론서도 꽤 읽은 제 기준에서) 필요한 단 한 권의 책이었습니다. 매 장을 읽을 때마다, 그동안 머릿속 여기저기 파편적으로 존재했던 미스터리에 대한 정보와 지식이 거대한 역사적 흐름을 타고 하나의 타임라인 위에 착착착 정리되는 개운하고 짜릿한 기쁨과, 완전히 새롭게 알게 된 사실들이 지식의 빈틈을 빼곡히 채우는 지적 충만감이 굉장했어요. 오직 윤영천만이 쓸 수 있는 밀도와 심도로 이루어진 책이었습니다.

 사실 저 같은 '미스터리 고인물'들 사이에서 그는 이미 오래전부터 미스터리계의 '레전드'인, 특히 해외 미스터리에 대해서 국내 최고의 전문가를 딱 한 사람만 뽑으라고 한다면 첫손에 꼽힐 게 분명한 사람입니다. 실제로 그는 국내 미스터리 역사에 어떤 커다란 흐름들을 계속 만들어왔습니다. 미스터리 기획자이자 편집자로서 수십 종의 기념비적인 걸작들을 국내에 출간해왔고, 미스터리 전문 홈페이지 '하우미스터리'를 만들어 20년 넘게 운영중이며, 여러 매체에 글을 기고하는 등, 거의 30년의 세월을 미스터리에 쏟아부으며 '좋은' 미스터리를 하나라도 더, 한 명에게라도 더, 알리기 위해 갖은 노력을 해왔습니다. 저는 그만큼 미스터리에 박학다식한 사람도 물론 보지 못했지만, 그만큼 진심으로 미스터리를 사랑하는 사람도 본 적이 없어요. 이 책은 그런 지독한 미스터리 덕후의 지식과 사랑이 단단히 압축된 책입니다. 오랜 세월 그의 방대한 독서력을 익히 알고 있었기에 책 속에 나오는 수많은 책들, 나오지 않은 다른 수많은 책들까지 그가 다 읽고 기록하고 정리해왔다는 것에는 그리 놀라지 않았는데요. 그 방대한 양의 지식과 정보를, 세상에 존재하지 않거나 완벽하게 존재하지 않는 분류체계를 새롭게 만들거나 다듬어서 최대한 딱 떨어지게 체계적으로 분류하고, 세밀하게 분석하여, 꼭 전달해야 할 엑기스를 고르고 골라 단 몇 페이지 분량의 짧은 글로 압축하는 그 어렵고 고된 일을 이토록 훌륭하게 성공적으로 해낸 것에 깊은 경외심마저 느꼈어요. 그만의 아주 날카로운 통찰과 관점까지 알차게 넣어서요. 정기적으로 나가고 있는 '미스터리 북클럽' 모임에 "『미스터리 가이드북』을 읽고 미스터리에 입문해서 여기까지 왔다"고 말하는 새로운 얼굴들이 많다는 것이 그렇게 뿌듯할 수가 없습니다. 그것은 이 책을 쓴 윤영천이 오랜 세월 염원해온 것이자, 그 옛날의 서점 아저씨부터 지금의 저까지, 대부분의 미스터리 덕후들이 염원하는 것이니까요.

3. 이 책을 고른 또하나의 중요한 이유가 있습니다. 이 책 한 권에 대해 같이 이야기하면서 '제발 이 책만큼은 놓치지 않고 읽으셨으면!' 하는 다른 미스터리들까지 한꺼번에 소개할 수 있어서입니다. 말하자면 서점 아저씨가 써먹은 '책 한 권으로 다른 수십 권까지 읽게 만드는' 영업 트릭 같은 것인데요. 사실 이 책 안에는 이미 책 밖으로 확산하는 인덱스들이 가득합니다. 읽고 나면 꼭 찾아 읽고 싶은 책들이 생길 거예요. 심지어 에필로그에는 정말 주옥같은 책으로 엄선된

'추천 미스터리 100선'까지 있으니까요. 너무 많은 읽고 싶은 책들 속에서 어떤 책부터 시작할지 엄두가 안 날 수도 있겠습니다. 그런 분들께 이 책 안에서도 특히 꼭 읽으면 좋을 책을 추리는 데에 제가 조금의 도움을 드릴 수 있을 것 같았습니다. 혹은 책에는 분량상의 문제로 이름만 소개된 작가들의 작품 중에서도 누락하기 너무 아쉬운 작품을 골라 빈칸을 채워넣을 수도 있겠습니다. 그러니까 『미스터리 가이드북』의 가이드'로서 여러분을 만나고 싶었어요. 또한 이미 오래전부터 미스터리의 세계에 깊숙이 들어와 있는 열렬한 미스터리 덕후 동지들을 북클럽 웨비나를 통해 만나보고도 싶었어요. 이건 추천하지 않고는 못 배기겠다 싶은 미스터리를 가슴에 소중히 품고 와서 함께 나누어도 좋겠습니다. 저 역시 저의 '인생 미스터리 목록'까지 아낌없이 나누겠습니다.

저는 개인적으로 미스터리를 읽기에 좋은 계절은 여름보다 겨울이라고 생각합니다. 매서운 바람이 웅웅대는 바깥세상에서 잠시 떨어져나와 따듯하고 아늑한 곳에서 정신없이 미스터리와 미스터리의 사이를 거닐다가 문득 고개를 드니 창밖으로 이른 어둠이 내려앉아 있는 순간을 만끽하기에도, 기나긴 밤의 한구석에서 미스터리에 푹 빠져 밤을 지새우기에도 겨울만한 계절은 없는 것 같습니다. 가을에서 겨울로 넘어가는 문턱인 11월의 어느 날, 겨울을 준비하는 기분으로 반갑게 만나요.

2024년 11월

김혼비 드림

미스터리 가이드북
한 권으로 살펴보는 미스터리 장르의 모든 것

윤영천 지음
한스미디어, 2021

저는 그만큼 미스터리에 박학다식한 사람도 물론 보지 못했지만, 그만큼 진심으로 미스터리를 사랑하는 사람도 본 적이 없어요. 이 책은 그런 지독한 미스터리 덕후의 지식과 사랑이 단단히 압축된 책입니다. _김혼비

조
아
란

존재하지 않는 세계가
선사하는 아릿한 경이감

출판마케터로 민음사 콘텐츠기획팀을 이끌고 있다. 책으로 할 수 있는 재미있는 모든 시도를 환영하는 편으로 첫 직장인 민음사에서 쭉 일하며 도서 마케팅부터 <워터프루프북> <인생일력> 등 다양한 상품들을 기획했다. 유튜브 채널 <민음사TV>를 운영중이다.

안녕하세요 민음사 마케팅부 조아란입니다.

매번 유튜브 채널 <민음사TV>를 통해 영상으로 인사드리다가 서면으로 이렇게 인사드리려니 조금 낯설지만 반갑습니다. 책을 선정하면서 저의 큐레이션을 기다려주신 분들은 어떤 장르의 책을 기대하고 고대하실까 생각해봤어요. 마케터니까 마케팅이나 브랜딩 책을 기대하실까. 민음사 직원이니까 민음사 책을 혹은 민음사 책이 아닌 책을 기대하실까. 즐겁게(?) 근속중인 직장인이니 일에 대한 책을 기대하실까 하고요. 하지만 그렇게는 도무지 아쉬움 없이 책을 고르기 어렵더라고요. 그래서 돌고 돌아 저에게 '읽기'의 즐거움과 '이야기'가 주는 경이감을 주었던 책이 무엇이었는지를 떠올려보게 되었습니다.

당연하게도 수많은 작가와 제목들이 스쳐갔지만 '최근'을 기준으로 거듭 추천했던 이야기는 켄 리우 작가의 이야기들이었어요. 켄 리우 작가를 처음 알게 된 건 「종이 동물원」이라는 작품을 통해서예요. 20페이지 남짓한 이 단편을 처음 읽고는 (아니 그 이후로도 읽을 때마다) 눈물을 흘리면서 이 이야기를 좋아하는 사람들에게 선물하고 싶다는 생각을 자주 했습니다. 그렇게 이미 기회가 되는 대로 『종이 동물원』을 추천해왔다보니 이번 북클럽 추천 책으로는 제외하고, 2020년 발간된 『어딘가 상상도 못 할 곳에, 수많은 순록 떼가』라는 켄 리우 한국판 오리지널 단편집을 소개하게 되었습니다. 늘 읽을 책에 쫓기다보니 생각보다 좋았던 작가의 작품이라도 신작을 거듭 따라 읽는 경우가 많지 못한(?) 제가 따라 읽고 추천드리는 책이니 SF라는 장르가 낯선 북클럽 멤버분들이라도 한번 믿어봐주세요.

그리고 작가가 펼쳐내는 이야기의 재미뿐 아니라 인간은 이야기를 통해 진화하고 서로를 이해할 수 있다는 '이야기'에 대한 작가의 믿음 또한 제가 이 이야기들을 추천하는 이유입니다. SF나 문학을 깊이 공부한 사람은 아니지만 '이야기'의 힘을 믿고 다양한 이야기들을 더 많은 사람들과 나누는 것을 업으로 삼은 저의 믿음이기도 하거든요.

일상은 아무리 즐거워도 너무나 자주 권태롭고, 이따금 떠나는 여행은 아무리 멀리 가더라도 우리가 상상할 수 없는 세상 밖은 아니고, 가족보다 가까운 사이라도 완전히 이해할 수 있는 관계는 없어서 우리의 이해와 경험은 여전히 한계를 가질 수밖에 없는데요. 그럴 때, 아니 그래서 필요한 것이 이야기이고, 그렇기 때문에 우리가 이렇게 늘 함께 이야기를 읽고 나누려고 하는 게 아닐까요?

내가 보기에 우리 인간이라는 종은 기본적으로 이야기를 통해 세계를 이해하도록 진화했다. 나는 법학 교육을 받고 변호사로 일해온 까닭에 사실과 숫자가 인간을 설득하지 못하는 것을 이제껏 눈앞에서 생생하게 지켜보았다. 그것은 오로지 이야기만이 할 수 있는 일이다.

_켄 리우, 『어딘가 상상도 못 할 곳에, 수많은 순록 떼가』 중에서

모든 의사소통 행위는 번역이라는 기적이다. (…) 우리 정신은 어떻게든 서로에게 닿는다. 비록 짧고 불완전할지라도. 사유는 우주를 조금 더 친절하게, 좀더 밝게, 좀더 따뜻하고 인간적이게 하는 것이 아닐까? 우리는 그런 기적을 바라며 산다.

_켄 리우, 『종이 동물원』 중에서

최근 우리는 ChatGPT와 같은 언어 기반의 인공지능 알고리즘을 일상에서 쉽게 사용할 수 있게 되면서 이제 AI가 소

설을 쓸 수 있게 될까? AI와 사랑에 빠질 수 있을까?와 같은 다소 SF적이라고 생각해오던 질문들을 현재에 해보게 되었습니다. 그래서인지 2020년 여름 책이 처음 발간되고 책을 읽었을 때와 2023년 여름을 보내며 다시 읽는 이 책의 감회가 매우 새롭습니다.

여름, 켄 리우 작가의 이야기를 읽으며 느낀 도래할 리 없는 미래가 주는 노스탤지어와 존재하지 않는 세계가 선사하는 아릿한 경이감을 함께 나누면 정말 좋겠습니다. 오늘도 함께 읽어주셔서 감사해요.

2023년 8월

조아란 드림

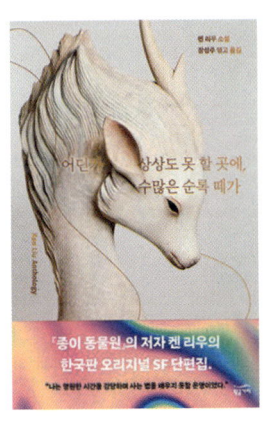

어딘가 상상도 못 할 곳에, 수많은 순록 떼가

켄 리우 소설, 장성주 엮고 옮김
황금가지, 2020

작가가 펼쳐내는 이야기의 재미뿐 아니라 인간은 이야기를 통해 진화하고 서로를 이해할 수 있다는 '이야기'에 대한 작가의 믿음 또한 제가 이 이야기들을 추천하는 이유입니다. _조아란

백수린

좋은 글을 읽고 나면
그 글을 쓴 사람도 좋아하게 되어버린다

2011년 <경향신문> 신춘문예를 통해 작품활동을 시작했다. 소설집 『폴링 인 폴』 『참담한 빛』 『여름의 빌라』 『봄밤의 모든 것』, 짧은소설 『오늘 밤은 사라지지 말아요』, 중편소설 『친애하고, 친애하는』, 장편소설 『눈부신 안부』, 에세이 『아주 오랜만에 행복하다는 느낌』 『다정한 매일매일』 등이 있다. 한국일보문학상, 현대문학상, 문지문학상, 이해조소설문학상 등을 수상했다.

안녕하세요. 소설 쓰는 백수린입니다. 이달의 큐레이터가 되어 책발전소북클럽 멤버분들에게 편지로나마 인사를 드리게 되니 무척 반갑습니다.

여러분은 3월을 좋아하시나요? 저는 어릴 때부터 3월을 그렇게 좋아하는 편이 아니지만—봄이라는데 날씨는 여전히 춥고, 학년이 바뀌어 낯선 사람들을 잔뜩 만나야 하고, 기타 등등의 이유에서요!—그래도 3월의 큐레이터가 되어 머지않아 여러분들과 제가 좋아하는 책에 대해 이야기를 나누게 될 거라고 생각하니 3월도 조금은 즐거운 달처럼 느껴집니다. 큐레이터가 되기로 한 이후 모든 것이 새롭게 피어나려고 준비하는 이 시기에 여러분들과 어떤 책을 읽으면 좋을까 며칠을 고민해보았어요. 고민 끝에 제가 고른 책은 킴 투이 작가님의 『루ru』입니다.

여러분은 킴 투이 작가님을 알고 계시나요? 킴 투이 작가님은 조금 독특한 이력을 지니셨는데요. 열 살 때 가족과 함께 베트남을 떠나 퀘벡에 정착한 보트피플이라는 사실만으로도 작가의 삶에 눈길이 가는데, 그게 독특함의 전부가 아닙니다. 킴 투이 작가님은 문학을 전공하다가 소설가가 된 평범한 저와 달리 법학을 전공해 변호사로 일하시다가 베트남 음식을 소개하는 요리연구가로도 활동하신 후 소설가가 되었다는 점에서 변화무쌍한 직업 이력을 갖고 계시거든요. 작가님이 쓰신 첫 책 『루』는 출간되자마자 퀘벡과 프랑스에서 베스트셀러가 되었고 디아스포라 문학의 새 장을 열었다며 찬사를 받고 있어요. (어떻게 이렇게 많은 재능을 가지고 계실까요! 저는 소설 쓰는 것만도 너무 힘에 부치는데 말이죠!) 북클럽 멤버들께만 솔직히 말하자면 저는 심보가 고약한 편이라 이렇게 너무 많은 재능을 가진 것처럼 보이는 사람 앞에선 약간 삐딱한 마음이 되곤 합니다. 그래서 『루』를 처음 읽기 시작했을 때 저는 이 책을 좋아하게 되지 말아야지, 하고 마음을 단단히 먹었어요. 물론 지금 북클럽 멤버분들에게 같이 읽자고 제안하는 걸 보면 알아채셨듯 결과는 실패였지만요. 책을 다 읽은 후엔 저의 못된 마음도 사라져버렸습니다. 좋은 글을 읽고 나면, 저는 그 글을 쓴 사람도 좋아하게 되어버리는 경우가 허다하거든요. 여러분도 그러신가요?

책을 아직 안 읽은 분도 계실 테니 간단히만 줄거리를 소개하자면 이 소설은 베트남어로 '평온함'을 뜻하는 안 띤이라는 이름의 베트남 소녀에 대한 이야기입니다. 그리고 그녀는 작가와 마찬가지로 가족과 함께 베트남을 떠나 캐나다의 프랑스어권 지역인 퀘벡에 난민으로서 정착하게 되지요. 프랑스 식민지였던 베트남에서 상류층으로 살며 프랑스어에 익숙했던 주인공의 부모가 난민수용소에서 이주지로 퀘벡을 선택했기 때문이에요. 그리고 그녀는 퀘벡에서 여러 경험을 하며 살아가게 되지요.

여러분도 이 책을 읽으실 테니까, 더이상 줄거리 소개는 하지 않기로 하겠습니다. 줄거리를 다 알아버리면 소설을 읽는 재미가 반감될 테니까요. 하지만 이 책을 왜 여러분과 읽고 싶었는지 정도는 이야기해도 될까요? 제 책을 읽어보신 분들은 이미 저의 짧은 설명만으로도 눈치채셨을지 모르겠지만 이 책에는 제가 좋아하는 요소들이 아주 많이 들어 있어요. 우선 이 책은 소설이고(저는 소설가니까 소설은 일단 편애합니다!) 프랑스어권 문학인데다(네, 저는 프랑스어권 문학도 무척 좋아해요. 이따금 번역을 할 때도 있을 정도로요) 뿌리가 뽑힌 사람의 이야기를 담고 있으니까요(네, 저는 줄곧 경계에 있는 사람들, 이방인들이 나오는 서사를 좋아해왔어요). 하지만 그저 난민의 이야기를 다룬 프랑스어 소설이었다는 이유만으로 이 책을 좋아하는 것은 아니에요. 제가 느낀 이 책의 매력은 소설이 지닌 톤과 소설이 가리키는 지점에서 발생하는 것 같은데요. 그런 부분들이 여러분에게도 매력의 요소로 느껴지는지 궁금합니다. 그리고 또 저는 이 책이 아마도 제가 기억하는 한 처음으로 제가 읽은 베트남 작가가 쓴 소설이라는 이유 때문에도 여러분과 함께 이 책을 읽고 싶기도 했습니다. 우리는 많은 번역서를 읽지만 대체로 영미권 작가들이나 프랑스, 독일 같은 유럽, 아니면 일본이나 중국 같은 동아시아 작가들의 책을 읽잖아요. 그래서 저는 늘 조금 아쉬운 마음이 들어요. 소설이 다른 세상의 풍경을 우리에게 보여주는 창이라면, 저는 제 앞에 가능한 한 다양한 창이 있었으면 하니까요.

그런 이유로 여러분에게도 『루』가 새로운 풍경을 보여주는 창이 되었으면 좋겠습니다. 모쪼록 저만큼이나 이 책을 즐겁게 읽으시기를요! 그리고 모두 무엇보다 건강한 날들 보내세요. 건강만큼 중요한 것은 없다고 갈수록 더 많이 생각합니다.

이만 총총.

2023년 3월

백수린 드림

루

킴 투이 소설, 윤진 옮김
문학과지성사, 2019

소설이 다른 세상의 풍경을 우리에게 보여주는 창이라면, 저는 제 앞에 가능한 한 다양한 창이 있었으면 하니까요. _**백수린**

이다혜

삿되고 속되며
달콤하게

영화 전문지 <씨네21> 기자. 지은 책으로 『국과수에서 일하는 상상 어때?』 『출근길의 주문』 『퇴근길의 마음』 『어른이 되어 더 큰 혼란이 시작되었다』 『처음부터 잘 쓰는 사람은 없습니다』 『내일을 위한 내 일』 『여행의 말들』 『아무튼, 스릴러』 등이 있다. 옮긴 책으로 『영화를 만든다는 것』 『타르콥스키, 기도하는 영혼』이 있다.

안녕하세요, 책발전소북클럽 멤버분들!

책 읽다가 마지막으로 밤을 새운 일이 언제였는지 기억하시나요?

숙면과 저속노화의 상관관계를 생각해보면, 아무리 재미있는 책이라 해도 밤을 새운다는 말은 어쩐지 무섭게 느껴질지도 모르겠습니다.

그래도 그런 일이 찾아오는 것입니다. 운명처럼요.

가벼운 기분으로 책을 펼쳐 들었는데 주인공의 운명에 조마조마한 마음이 들어버려서 벗어날 수 없게 사로잡히는 일이, 이 책의 독자에게는 일어나고야 맙니다.

놀랍지 않게도 저 역시 이 책 『핑거스미스』를 처음 읽던 날 그랬습니다. 다음날 일정 때문에 노심초사하면서도 도저히 읽기를 멈출 수가 없었습니다. 1부의 마지막 문장을 읽던 그 순간이 지금도 생생한데, 너무 놀라서 문자 그대로 비명을 질렀거든요. 재밌어 죽겠다는 말은 이런 때 쓰는 말일 겁니다.

빅토리아 시대, 소매치기들 틈에서 자라난 고아 소녀 수가 우리의 주인공입니다.

어느 날, 같은 패거리의 '젠틀맨'이라고 불리는 남자로부터 기묘한 제안을 받습니다. 수가 젊은 상속녀 모드의 하녀로 들어가, '젠틀맨'의 구혼을 도와달라는 것이었어요.

수는 이 일을 맡기로 합니다.

세상 물정 모르는 아가씨의 하녀 노릇을 하며 마음을 조종하는 일이라니. 거리에서 산전수전을 겪으며 성장했다고 자부하는 수로서는 이보다 쉬운 일이 있을까 싶은 거죠.

저는 알고 있어요. 이 책을 읽는 여러분은 수에게 감정이입을 하기 십상이고, 모드 아가씨의 순수함을 약간은 우습게 여길 가능성이 높다는 것을요.

이렇게나 순진한 아가씨라니 참 걱정스럽구나, 하고요.

그런 수를, 우리를 지켜보는 시선이 있다는 사실을 모르고 말이지요.

아, 이야기는 이제 시작되었을 뿐이랍니다.

어딘가 익숙한 이야기인데, 하고 생각하셨나요?

박찬욱 감독은 영국 빅토리아 시대를 무대로 한 『핑거스미스』를 일제강점기의 조선으로 옮겨와 <아가씨>(2016)를 연출했습니다.

김민희, 김태리 배우가 주인공을 연기했지요. 누가 수일지, 누가 모드일지 바로 떠올리실 수 있을지 궁금합니다.

영화도 무척 재미있어요. 소설이 가진 설레는, 육감적인, 미치게 하는, 숨넘어가는, 이상한, 불쾌한, 슬픈, 아름다운 순간들을 잘 옮겨냈으니까요. 그럼에도 불구하고, 소설만이 안겨줄 수 있는 지고의 쾌락이 여기 있습니다. 여러분이 영화 <아가씨>를 보았든 보지 않았든 『핑거스미스』에 빠져드는 데는 아무런 문제가 없을 거예요.

천진난만함과 닳고 닳음을 연기하는 법을, 여자들은 삶의 과정 속에서 배워나갑니다. 그렇게 보이지 않는 사람조차 그렇습니다. 왜 그렇게 되고야 마는지에 대한 슬픔과 괴로움이, 독자를 이야기에 깊숙하게 연루시킵니다.

『핑거스미스』는 반전으로 유명한 소설입니다만, 그 외에도 여러 미덕을 고루 갖추고 있습니다. 문학박사 학위를 지닌 저자가 꼼꼼한 고증을 거쳐 빅토리아 시대의 문학을 되살려낸 듯한 느낌을 주는 역사소설이기도 하지요. 찰스 디킨스의 『올리버 트위스트』 21세기판을 읽는 듯한 느낌을 준다는 평가는 그래서 나온 거예요. 빅토리아 시대의 사회상을 길거리에서부터 귀족의 저택에 이르기까지, 정서적으로 가장 음

습한 부분을 노출해 보여주는 일이 재미없기도 쉽지는 않겠지요. 『핑거스미스』는 드라마인 동시에 스릴러이고, 스릴러인 동시에 로맨스입니다. 누군가는 사랑에 울고, 누군가는 서스펜스에 울 수밖에 없는.

반전이 좋은 소설이 흔히 그렇듯, 소설을 끝까지 보고 나면 당장 첫 페이지부터 다시 읽고 싶어지실 거예요. 단서를 하나하나 주우며 다시 읽기가 재미있는 책이기도 하고요. 영화 <아가씨>도 (다시) 보게 될 테지요. 『핑거스미스』에 "감미롭고 뻔뻔하다"라는 말을 남긴 <LA 타임스>의 평에 공감하지 않기란 어렵습니다.

이 책을 읽어가실 여러분들의 평가가 어떨지 저는 몹시 궁금합니다. 저는 『핑거스미스』와 <아가씨>를 나란히 읽으며, 장갑과 맨손으로, 맨손가락과 골무 낀 손가락으로 에로티시즘을 느끼게 하는 대목에서 감탄을 금치 못했습니다. 이 소설의 에로티시즘은 때로 병적이고 불쾌하지만, 동시에 어떤 순간엔가는 지고의 아름다움처럼 느껴지거든요. 그 모든 요소가 공존하는 것이 인간의 삶이고 사회이겠지요. 비단 빅토리아 시대에 국한된 것만은 아닌.

삿되고 속되며 달콤하게.

『핑거스미스』를 읽는 여러분의 독서가 풍요롭기를 기대합니다.

2024년 5월

이다혜 드림

핑거스미스

세라 워터스 소설, 최용준 옮김
열린책들, 2016

『핑거스미스』는 드라마인 동시에 스릴러이고, 스릴러인 동시에 로맨스입니다. 누군가는 사랑에 울고, 누군가는 서스펜스에 울 수밖에 없는. _이다혜

박
참
새

**책을 펼치면 절대로
빠져나갈 수 없는 사람**

시인. 대담집 『출발선 뒤의 초조함』 『시인들』, 시집 『정신머리』, 산문집 『탁월하게 서글픈 자의식』을 출간했다. 제42회 김수영문학상을 수상했다.

"가장 좋아하는 책이 뭐죠?"

"대답하기 어려운 질문입니다. 저는 책을 많이 읽었습니다. 다양한 종류의 책이었죠. 정말이지 많은 책에 감명을 받았지만, 그걸 각각 비교할 수는 없습니다. 그런 질문은 하면 안 됩니다."

_마누엘 푸익, 『이 글을 읽는 사람에게 영원한 저주를』 중에서

저 역시도 이런 질문을 들을 때마다, 곤란하다 못해 온몸의 근육이 딱딱해지는 기분이 듭니다. 책은…… 감명만 주는 것이 아니니까요. 어떤 책은 저를 그만 살고 싶게 하기도 했고, 기어코 살아나게 하기도 했으며, 동시에 모든 것을 포기하고 '이전'으로 돌아가고 싶게 만들기도 했습니다. 이 책을 읽기 전으로요. 하지만 그것은 언제나 불가능했고, 허락되지도 않았습니다. 그렇게 망각 자체를 잊은 채로 저는 계속 새로운 책을 마구 읽어나가며 새롭고 친숙한 좌절과 맞붙고, 이내 또 잊어버리면서, 책을 사랑하는 것 같지만 사실은 굳이 따져보자면 탓하고 싶은 마음이 큰, 그런 이상한 독자가 되어버렸습니다. 그것은 아마 제가 책을 곧이곧대로 읽지 않아서일 수도 있습니다. 화자를 믿지 않고, 서술자를 믿지 않고, 작가도 믿지 않으며 때로는 독자까지도 믿지 않기

도 했으니까요. 표면적인 것에 대한 의심은 제가 책을 읽어 가는 하나의 방법이었고, 책이라는 저주를 깨보려는 당돌한 시도이기도 했습니다. 고작 이 종이 더미가 우리의(사실은 '저의') 인생을 쥐락펴락한다는 사실이 가끔은 너무 우스워서 참을 수 없기도 했거든요.

"래리, 당신은 당신 뒤에서 걸어오는 사람의 얼굴이 당신 얼굴과 똑같다고 말했어요. 그렇다면 지금 내 앞에 있는 사람이 당신이지 그가 아니라는 걸 내가 어떻게 알겠어요?"

그래서 책을 고르는 일은 언제나 어렵습니다. 저 자신만이 읽을 책이래도 조금 무섭습니다. 책과 책을 읽는 저의 속성을 모두 다 알면서도 또 모르기도 하기 때문입니다. 곱게 쌓여 있는 책들을 펼쳐보지 않은 채로 이리저리 뜯어 살펴봅니다. 얼마나 자학적으로 괴로울지, 괴팍하게 아름다울지, 찢어지도록 섬세할지, 가늠합니다. 책은 그 자체로 많은 것을 말하고 있으니까요. 가령, 장정이나 표지 혹은 제목 같은 외적인 요소들만으로도 조금은 판이 보입니다. 그런 의미에서 '이 글을 읽는 사람에게 영원한 저주를'이라는 제목을 가진 이 책은 부적절해 보입니다. '책'이 아니라 '글'이라고 말하면서, 번듯하게 책의 모양을 하고 있고, '읽은' 사람이 아니라 '읽는' 사람이라 말한 것을 보아 이 책을 끝까지 읽건 읽지 않건 간에 아무튼 상관없다는 식입니다. 가능성을 말하는 '읽을'도 아니고, 완료를 의미하는 '읽은'도 아닙니다. '읽는' 사람. 언제나 지금에 머물러 있는 사람. 책을 펼치면 절대로 빠져나갈 수 없는 사람. 즉 모두가 이 저주의 대상이 됩니다. 제목을 읽는 순간부터 우리는 모종의 제물이 되면서 누군가가 설계해놓은 저주가 더욱 견고해집니다. 그러니 이 책의 모든 얼굴을 살펴보아도, 도무지 모르겠습니다. 알기 위해서는 반드시 펼쳐져야 할 책인 겁니다. 보아도 보아도 도무지 알 수 없는 표정들인 겁니다.

"그게 당신 기억에서 가장 마음 아픈 이야기인가요?"
"더 끔찍한 것도 있다고 확신합니다. 더 깊은 곳에 있을 거예요."

하지만 우리는 매일 표정을 봅니다. 너무 많은 표정들을 봅니다. 그리고 잊지 못합니다. 어떤 순간들은 잊히지 않아서 선명히 쌓입니다. 우리는 그것을 기억이라고 부릅니다. 서로 다른 기억을 가진 사람들이 서로 다른 사람이 되어 또 새로운 표정을 하고서는 매일을 마주합니다.

이 책에는 오로지 '표정'과 '기억'만이 있습니다. 지시문도 하나 없이 오로지 대화로만 채워진 빼곡한 소설은, 우리로 하여금 대화 사이에 숨겨진 표정과 화자들이 내재하고 있을 기억을 반드시 상상할 수밖에 없게끔 만듭니다. 아무런 정보가 주어지지 않기에, 우리는 정말 힘껏 상상하고 망상해야 합니다. 사실이 없기 때문에 진실이란 것도 없습니다. 그저 우리가 그렇다 믿는다면, 그런 것이 됩니다. 이 책을 읽는 사람에게는요.

저는 이 막무가내로 성립되는 관계가, 독자가 가진 절대적 아름다움이라고 생각합니다. 제가 쓰고 있는 이 짧고 소용없는 글조차도, 읽는 당신이 없다면 아무런 목적도 달성하지 못하며 애초에 쓰이지 않았을 수도 있습니다. 읽지 않으면 읽히지 않습니다. 읽히지 않는 글을 쓰고 싶은 작가는, 그렇게 많지 않을 것 같습니다. (반드시 작가가 아니더라도요.)

저는 이 책을 읽는 당신이 무조건적인 절대자가 되기를 바랍니다. 등장하는 단 두 명만의 인물이 하는 말과 하지 않는 말, 드러내는 정보와 가리는 정보, 왜곡되어 표현되는 것과 혼재되어 전해지는 것이, 이 책에 쓰인 곧이곧대로 기입되길 절대 원하지 않습니다. 그리고 이 바람은, 당신이 다른 모든 책을 읽을 때도 유효합니다. 읽는 당신의 눈과 손과 입을 반드시 기억하면서, 쓴 사람과 쓰인 사람을 당신 뜻대로 꼼꼼히 읽으며, 오로지 읽어낸 당신만을 믿으며, 그렇게 아무도 허락하지 않은 방식으로 유유히, 당신 멋대로 읽었으면 좋겠습니다. 그래서 모든 책으로부터 저주받길 바랍니다. 계속해서 기억할 책의 표정들을 찾아다닐 수밖에 없는, 기이하고 기쁜 저주에 단단히 속박되길 바랍니다.

제 시를 읽은 한 동료가 이렇게 말한 적이 있습니다. "이 시를 읽으니 당신과 같이 죽고 싶어져요." 누군가를 그만 살게 하고 싶은 시를 썼다니, 저는 그만한 축복이 없으리라 생각했습니다. 하지만 그에게는 다시는 잊지 못할 저주의 시이기도 하겠죠.

이 책을 읽은 당신이 무슨 생각을 하게 될지, 사실 전혀 모르겠습니다. 저를 미워하게 될 수도 있겠죠. 뭐 이런 책을 다 골라서…… 죄송하지만 저는 그것조차도 기뻐할 겁니다. 저에게 혹은 이 책에게 더 나아가 세상의 다른 책에게 저주를 걸어도, 당신은 멀쩡할 것이기 때문입니다. 당신은 읽는 사람이니까요.

책의 끝에서 기다리고 있겠습니다. '읽은' 사람들의 저주를 그곳에서 함께 나눠요.

2024년 4월

박참새 드림

이 글을 읽는 사람에게 영원한 저주를

마누엘 푸익 소설, 송병선 옮김
문학동네, 2016

읽는 당신의 눈과 손과 입을 반드시 기억하면서, 쓴 사람과 쓰인 사람을 당신 뜻대로 꼼꼼히 읽으며, 오로지 읽어낸 당신만을 믿으며, 그렇게 아무도 허락하지 않은 방식으로 유유히, 당신 멋대로 읽었으면 좋겠습니다. _박참새

○ 김민경

이 책을 왜 사랑하는지 설명하려면
내가 살아온 삶을 얘기할 수밖에 없다

민음사 해외문학팀의 편집자. 유튜브 채널 <민음사TV>의 인기코너 '세문전 월드컵'을 능숙하게 이끌며 세계문학의 매력을 생생히 알려왔다. 탁월한 책 소개 능력으로 '책 영업왕'이라 불리며 끊임없이 독서의 즐거움을 전하고 있다.

책발전소북클럽 멤버분들, 안녕하세요? 민음사 편집부 김민경입니다. 잘 지내시지요?

예상 밖의 책이 와서 다소 황당하신 멤버분들이 많을 것이라 예상하며 이 편지를 씁니다. 세계문학전집도, 민음사 책도 아닌 웬 한국 판타지 소설?

이렇게 길고 깊은 고민을 한 적이 있나 싶을 정도로 심사숙고한 결과, 세간의 기대(?)를 저버리고 제 마음 깊은 곳 소설 사랑의 출발점이자 제가 가장 사랑하는 작가의 작품으로 결정하는 수밖에 없었습니다. 멤버분들께 인사드리는 것이 처음이고 어쩌면 마지막일 수도 있기 때문입니다. 카드놀이할 때 첫번째 턴에 최강 카드를 내는 사람. 급식을 받으면 가장 맛있는 반찬부터 먹어치우는 사람. 첫 만남에 다짜고짜 심연을 꺼내놓아서 상대방을 당혹시키는 오덕. 그게 접니다.

언젠가 제가 유튜브에서 한 말이 트위터에 돌아다니며 꽤나 RT가 많이 되었다는 제보를 받은 적이 있습니다. 제가 회의중에 "그 책을 왜 사랑하는지 설명하려면 내가 살아온 삶을 얘기할 수밖에 없다"라고 두 팔을 벌리며 항변하는 장면입니다. 그 짤에 의거해 저의 초딩 시절 얘기를 조금 들려드릴게요.

  저에게는 다섯 살 많은 오빠가 있습니다. 터울 많은 형제를 둔 동생이 그렇듯 책, 음악, 영화, 게임 모두 오빠가 하는 것을 어깨너머로 따라 하며 컸습니다. 어떤 것은 제 취향이 전혀 아니고, 또 어떤 것은 쉽사리 이해가 안 돼서 던져버리기도 했죠. 그때 오빠 방에서 굴러다니던 이영도 작가의 첫 소설 『드래곤 라자』를 집어든 순간, 삘이 찌르르 왔습니다. 전기 충격처럼요. 그때는 몰랐지만 지금 돌이켜보면 제 인생 경로가 결정 지어진 순간입니다. 제2의 돌잡이라 할 수 있겠네요. (제1의 돌잡이에서 저는 실과 지폐를 잡았다고 전해집니다.) 소설을 너무 많이 사랑하고 소설만을 읽어오다가 취직해서 소설을 편집하고 유튜브에서 소설을 소개하는 이후의 삶 말이죠. 여행자들이 말을 타고 황야를 달리고, 하늘에서 드래곤이 날아오고, 마법검이 말을 하고, 왕국을 지키는 전쟁을 하는 판타지 세상이 얼마나 근사했는지 몰라요. 표지가 해질 때까지 밤을 새워가며 읽고 또 읽으며 다음 권 출간을 기다리고, 다음 작품을 게걸스럽게 탐닉하던 시간은 어린 시절 가장 소중한 경험 중 하나입니다.

그때부터 지금까지 이영도 작가는 제 문학적 심장을 움켜쥐고 놔주지를 않고 있습니다. 성인이 되어 읽으니 그 감동은 사그라들기는커녕 더욱 고통스러우리만치 커져만 갔습니다. 『퓨처 워커』를 지나 『폴라리스 랩소디』에 흠뻑 취해 있던 저는 『눈물을 마시는 새』에서 그만 항복했습니다. 야, 이건 너무 심했다! 지나치게 잘 썼다! 도가 지나치다! 하……편지가 너무 길어질 것 같아서 '눈마새' 얘기는 이런 일차원적 감탄으로 갈음하겠습니다. 아무튼 모든 작품을 성인이 되고 나서도 여러 번 정주행했고, 그때마다 그저 감탄만 내뱉을 수밖에 없었습니다.

이제는 내용을 다 외우다시피 하는 이영도 작가의 작품들은 제게 소설이 아니라 재난대피소가 되었어요. 일단 판타지라서 '이세계異世界' 얘기니까 당연히 현실을 싹 잊을 수 있고 분량도 엄청나게 길기 때문에 대피소로 쓰기에 딱이에요. 이 년 전, 개인적인 큰 충격에 휘청이던 저는 현생 자체를 잊고 싶어서 8권에 달하는 『피를 마시는 새』로 빠르게 도피했습니다. 몇 달에 걸쳐 읽으면서 그 속에서 흉진 마음을 치료하고, 구겨진 과거를 다림질하고, 가끔씩 화가 나서 벽에 대고 소리도 지르고, 다가올 미래에 던질 돌멩이들을 준비해서 나왔습니다. 다행히 멀쩡한 1인분을 하는 사람으로 새로 태어날 수 있었어요.

"이 오덕 뭐야……" 싶으시죠? 감정이 벅차올라 주체가 안 되는 것 같죠? 하지만 모든 오덕은 치밀합니다. 저는 냉철한 이성과 치밀한 계산으로 어쩌면 아직 판타지가, 그중에서도 한국 판타지가 생소할 '머글' 멤버분들을 낚아챌 올가미를 짰습니다. 판타지 애호가로서 매우 애석한 일이지만, 세간에서 판타지 소설은 이런 오해를 종종 받습니다. 1 작품의 깊이가 얄팍하고 주제의식이 희미하다. 2 세계관을 이해해야 해서 장벽이 높다. 3 아주 소수의 독자(오덕)만을 노리는 서사 구조다. 4 문장력이 조야하다. 5 분량이 너무 길어서 읽기가 힘들다.

이영도 작가의 가장 최근작이자 가장 짧은 장편인 『오버 더 초이스』는 이 모든 오해를 정면으로 멋지게 타파하는 작품입니다. 먼저 서사 구조가 친숙해요. 작품을 한마디로 요약하면 개척지의 한 마을, 보안관 조수 티르가 마을에 일어나는 사건을 해결하는 이야기입니다. 사건들은 스노우볼이 굴러가듯 점차 커지면서 세계를 압도합니다. 한 소녀의 비극적인 죽음을 막지 못한 일로 시작해 마을 전체를 뒤흔들 만한 사건이 터지고, 국가의 존폐가 걸린 위기로 커지다가, 마지막엔 '동물'이라는 생명체 전체의 운명을 좌우하는 스케일로 번집니다. 반전에 반전에 반전을 주는, 계속해서 이마를 탁 치게 되는 플롯은 이영도 작가의 특징이기도 한데요. 『오버 더 초이스』에서는 앞서 설정한 가정이 단번에 뒤집히고, 믿었던 인물의 숨겨진 정체가 드러나고, 마지막엔 정말 상상도 못 한 일이 계속해서 펼쳐집니다. 감히 말해보건대, 눈 밝고 독서에 조예가 깊으신 멤버분들도 아무도 결말을 예상하지 못하실 거예요. 진짜 깜짝 놀라실 겁니다.

소설 속에는 판타지답게 생소한 존재들이 계속해서 등장합니다. 오크, 트롤, 엘프, 아니제이, 심지어 야채 뱀파이어도 나오죠. 이거, 인터넷에 검색해봐야 하나? 싶은 마음이 들 정도로 처음엔 낯설고 이해도 되지 않을 거예요. 하지만 계속 읽어가다보면 아주 자연스럽게 슬쩍 존재 하나하나의 특성을 알려주는 서술이 이어집니다. 가랑비에 옷 젖듯이 어느새 마을에 돌아다니는 사람들이 모두 친숙해지는 경험을 하시게 될 거예요. 퍼즐 조각을 하나하나 맞추듯이 생소한 세계를 이해해가는 재미를 느껴보실 수 있습니다. 수십 명의 인물이 나오고 복잡한 인과를 가진 사건들이 온통 뒤죽박죽인가? 싶다가도 다시 차근차근 짚어주는 대목이 슬쩍 나와서 멤버분들을 올바른 경로로 인도해줄 거예요. 너무 설명적이지 않게, 그렇다고 너무 모자라지도 않게 세계관과 설정을 읽는 사람에게 부드럽게 안내해주는 서술은 이영도 작가의 전매특허입니다.

> "인생이 나를 죽일 수 없다면, 그러면 나는 인생을 존중할 수 없는 거야?"

가볍고 발랄한, 재미를 추구하는 판타지 소설의 전형을 생각하셨다면 아마 또 한번 놀라실 거예요. 작품 전반에 걸쳐서 꽤나 심오한 철학적 논제들을 마주할 수 있습니다. 우리는 두려워하면서도 사랑할 수 있는가? 필멸자가 바라는 영생이 찾아오는 것은 옳은 일인가? 신과 악마는 존재하는가? 등 무엇 하나 쉽지 않은 질문들에 저마다의 답을 내리는 인물들의 대화와 행동을 볼 수 있습니다. 작품의 핵심이 되는 질문은 "우리에게 죽음이란 무엇인가?"가 될 수 있겠는데요. 어떤 인물의 말이 가장 공감이 되는지 돌이켜보면서, '나'에게 죽음은 무엇인지를 새삼 웅숭깊게 생각해볼 수 있었습니다.

저멀리, 현실과 너무도 딴판인 별세계에서 내 일상적인 고민의 조각을 마주하는 의외의 반가움. 그 반가움이 우리가 소설을, 판타지를 사랑하는 중요한 이유라고 저는 믿습니다.

> "어떤 금액으로든 삶에 값을 매기면 안 돼. 일단 가격이 책정되면 그다음엔 거래도 가능해지거든."

마지막으로 이 얘기를 안 할 수가 없습니다. 이영도 작가의 문장은 너무나 수려하고 훌륭하고 아름답습니다. 책 속에 가슴속 무언가를 탁! 하고 찌르는 감동을 주는 명문장이 흘러넘칩니다. 제가 이번에 다시 읽으며 새로이 걸려넘어진 이 문장에 저는 무심한 위로를 받았습니다. 모든 게 돈으로 결정되는 것처럼 보이는 요즘, "돈 없다" 소리를 달고 살면서도 물욕을 버리지 못하는 스스로를 보는 자괴감과 월급으로 내 가치를 인정받아야 하는 노동에서 도망치고 싶은 "내 안의 검은 피터팬" 때문에 속이 시끄럽던 제게 꼭 필요한 말 같아서요. 삶에 값을 매기지 않아야지. 그래. 삶은 매기는 게 아니라 사는 것이지. 너무 당연해서 잊고 사는 소중한 진리들을 일깨워주는 일. 훌륭한 문학작품이 매일같이 독자들에게 해주고 있는 일이죠. 멤버분들도 『오버 더 초이스』를 읽으시며 목마른 한여름의 샘물 같은 '문장' 한 바가지 길어올려서 마음이 촉촉해질 수 있기를 바랄게요.

저 진짜 오덕의 순정을 다 바쳐서, 이 한몸 바쳐서 멤버분들께 이영도 월드의 초대장을 드립니다. 『오버 더 초이스』가 마중물이 되어 판타지의 세계를 탐험하실 초보 모험가를 애타게 찾습니다. 이 시간이 멤버분들의 문학 지도를 한 뼘, 아니 1cm라도 더 넓혀줄 수 있기를 기원해요. 다시 한번 말하지만 판타지 소설은 현실에서 가장 빠르게, 가장 확실하게 도피할 수 있는 재난대피소입니다. 팍팍하고 난이도 높은 현실을 살면서 누구나 마음 한켠 대피소가 필요하잖아요. 이번 기회에 멤버분들 마음속 대피소, 한번 지어보시는 거 어떨까요? 이영도 작가의 책을 처음 읽으시는 멤버분, 진짜 진심으로 부럽습니다. 저는 지나치게 많이 읽어서 처음 읽는 느낌이 무척 그립거든요. (안 본 눈 삽니다.) 진정으로 열심을 다해 사랑하는 한 세계를 멤버분들께 소개해드릴 수 있어서 정말 기쁩니다. 기나긴 오덕의 독백을 끝까지 들어주신 상냥한 멤버분들, 고맙습니다. 이영도 월드에서 가장 유명한 인사말로 마무리할게요.

귓가에 햇살을 받으며 석양까지 행복한 여행을.

웃으며 떠나갔던 것처럼 미소를 띠고 돌아와 마침내 평안하기를.

2025년 3월

김민경 드림

오버 더 초이스

이영도 소설
황금가지, 2018

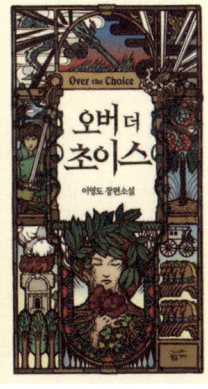

저 진짜 오덕의 순정을 다 바쳐서, 이 한 몸 바쳐서 멤버분들께 이영도 월드의 초대장을 드립니다. 『오버 더 초이스』가 마중물이 되어 판타지의 세계를 탐험하실 초보 모험가를 애타게 찾습니다. _김민경

한명수

'明'이란 인물과 '토브'란 인물이
책발전소북클럽 멤버들이 엿듣든지 말든지
아이스크림 무인점포 집 앞에서 나누는 대화

괴짜라 불리는 진짜 창의 노동자. 우아한형제들 CCO Chief Creative Officer로 배달의민족 서비스는 물론 한글 서체(한나체, 주아체, 연성체, 기랑해랑체, 을지로체, 글림체 등) 개발에서 조직문화 개선까지 회사와 세상에 유쾌함과 즐거움을 불어넣는 일을 하고 있다. 홍익대학교에서 시각디자인을 전공, 동 대학원에서 석사학위를 받았다. 국내 최초 억대 연봉 디자이너, 싸이월드 서비스 디자인을 한 대한민국 웹디자이너 1세대로 불렸다. 지은 책으로 『말랑말랑 생각법』이 있다.

明　덥죠, 그쵸. 재밌는 이야기 하나 해드릴까요?

토브　책 추천하는 이야기 하려는 거죠.

明　(뭔가 들켜버려서 당황스러운데 아닌 척 눈을 찡그리며) 어케 알았어요?

토브　(시큰둥하게) 1965년에 활자로 탄생된 제가 이렇게 당신한테 소환돼서 불려나왔으니 뻔한 거죠.

明　냐아핳 그래요 하하 (에라 모르겠다 하는 탄식 같은 느낌으로) 제가 뭐라고 글쎄 책발전소에서 '큐레이터' 역할을 해달라고 하더라고요. 회사에서 소 키우느라 바빠 죽겠는데 책을 소개해보라고 하는데…… 음…… 스토너(책 주인공)를 소환하려니 좀 부끄럽고 스포일링하면 안 되기도 하고 분빌 농장의 흑인 소작농인 토브 당신을 부르면 재밌을 것 같았어요.

토브　저는 책에서 거의 존재감 없는 끄트머리의 점 같은 존재인데…… 어째서 저죠? (뭔가 고마운 듯 의뭉스러운 듯

상냥한 눈빛으로)

明 　주인공이나 돋보이는 중심 역할보다는 사람들이 관심 없어할 변두리나 프레임 바깥의 것을 저는 좋아하거든요.

토브 　이상한 분이시군요. ㅋ (손톱에 잔뜩 낀 밀밭의 흙을 이빨로 깨작거리며)

明 　회사에서 디자인도 하고 이것저것 만들고 뽀개고 커뮤니케이션 관련된 온갖 궂은일을 하는데요. 사람들은 항상 톡 쏘는 이슈나 화끈한 유행의 먹잇감을 찾느라 바빠요. 그래야 사람들이 혹~해서 뭔가에 빨려들어간 뒤 온통 시간을 빼앗기고 정신이 홀려 지갑에서 돈이 나가는지도 모르고…… 저희도 돈 벌려면 그런 것이 필요하니까 항상 그런 거 만들어달라고 주위에서 요청해오고…… 그래서 저는 '꼭 그렇게 해야 하나?!?' 하는 질문을 품고는 해달라는 거 다 해주면서 킬킬 웃거든요.

토브 (자신이 존재했던 1910년대 미국 캔자스도 딱히 다르지 않다는 것을 생각하며 대수롭지 않게) 그래서요? 그래서 『스토너』 책이 무슨 상관인데요?

明 (손톱의 흙이 토브 입가에 묻어 있는 것을 살짝 닦아주며) 이 책은 평화롭고 아득하거든요.

토브 (풋— 황량하고 메마른 농장의 공기를 내뿜으며) 피~쓰~~ 재밌네요. 당신이 볼 때는 평화롭겠지만 저에게 농장 판 돈을 건네준 스토너 양반의 삶을 깊숙이 보면 스펙타클하던데요. 무지렁이 농부 아빠가 농업 공부하라고 미주리 대학에 보냈더만 갑자기 셰익스피어한테 빠져가지고…… 그렇게 살다니…… (고개를 좌우로 두어 번 돌리며)

明 그 덕에 스토너의 아빠가 당신을 고용해서 먹고산 거잖아요. 일손 거들 아들도 없고 농장일은 더럽게 힘들고……

토브 그렇긴 하죠. 고맙죠. (헛헛하게 웃는데 이빨에 잔뜩 낀 뭔

가가 찬란하게 드러난다)

明　그래서 이 책이 좋아요. 오가닉해요. (R 발음 느끼한 영어 느낌 말고 토종 발음으로 또박또박 발음한다)

토브　당신은 이런 거 별로 안 좋아하게 생겼는데요? (위아래 훑으며 뭔가 재밌는 그림책만 좋아하는 거 아냐? 하는 눈빛으로)

明　겉모습으로 판단하는 거 좋아하긴 하는데요ㅋ 가끔씩 이런 책도 읽어야 삶의 균형이 맞는다니까요. 편식하면 사람 이상해져요. (생각보다 재밌는데 당신 왜 그래? 하는 귀여운 눈빛으로)

토브　이 책을 읽는 2023년 여름의 책발전소북클럽 멤버들은 당신에게 낚여 이것을 읽고는 무엇을 얻을까요?

明　글쎄요. 이 책은 초판본이 훨씬 좋은데 표지가 죽여요. 미-쿡 책 같아요. 얇은 껍데기를 휙 벗기면 진짜 1950년대 퀴퀴한 도서관에 꽂혀 있을 그런 모양새를

갖추었는데 들고 다니면 폼날 거예요. 책상 위에다 올려두면 꽤 이지적인 사람으로 보이기도 하겠네요. 인스타용으로 딱인 거죠.

토브 책발전소북클럽 멤버들은 그런 얄팍한 사람이 아닐걸요~ TEXT 내용이 중요하잖아요. (자신은 글을 읽을 줄 모른다는 사실을 망각한 채)

明 뭐 알아서 얻어가겠죠. 신형철 평론가 선생님이 "이 소설에 대해선 할 말이 너무 많……"이라고 책 뒤편에 쓰셨던데 저도 사실 할 말이 많긴 한데…… 편지 길게 쓰면 꼰대라 이만 줄일래요.

토브 편지가 아니라 저랑 대화한 거잖아요. (억울하게 자신이 이용당한 것을 깨닫고는 발끈)

明 스토너의 삶을 제대로 처음부터 읽어보시면 마음이 그윽해질 거예요. (토브를 꼭 껴안으며)

토브 (눈을 감고 품에 안긴 채 휴대용 선풍기를 꺼낸다) 아~ 더워.

2023년 7월

한명수 드림

스토너

존 윌리엄스 소설, 김승욱 옮김
알에이치코리아, 2020

스토너의 삶을 제대로 처음부터 읽어보시면 마음이 그윽해질 거예요. _**한명수**

3부

일과 창작의 영감은

어디에 있는가

우리가 지치지 않도록, 용기를 잃지 않도록

○송길영

월급루팡이 되고 싶은, 그러나 되고 싶지 않은 우리 모두를 위하여

송길영은 시대의 마음을 캐는 마인드 마이너Mind Miner이다. 사람들의 일상적 기록을 관찰하며 현상의 연유를 탐색하고 그들이 찾고자 하는 의미를 이해하려는 시도를 20여 년간 해왔다. 개인들의 행동은 무리와의 상호작용과 환경의 적응으로부터 도출됨을 이해하고, 그 합의와 변천에 대해 알리는 작업에 몰두하고 있다. 깊은 고민을 하는 사람들로부터 영감을 받는 것에서 가장 큰 기쁨을 느낀다. 지은 책으로 『시대예보: 호명사회』『시대예보: 핵개인의 시대』『그냥 하지 말라』『상상하지 말라』『여기에 당신의 욕망이 보인다』가 있다.

우리의 4월은 책걸상을 숨기고 다른 반에 앉아 선생님을 놀라게 하던 만우절로 시작합니다. 하지만 옆 나라 일본의 청년들에게 4월 1일은 신학기가 시작되는 날이기도 하고, '신졸 채용'의 오래된 시스템으로 뽑힌 신입사원들이 업무를 시작하는 날이기도 합니다. 우리 사회에서 점차 줄어들고 있는 신입사원 공개채용 방식을 일본은 여전히 상당 부분 유지하고 있습니다. 조직의 일원으로서 '회사원'이라는 새로운 정체성을 갖고 살아가는 이들에게 시작하는 첫날, 농담을 편하게 주고받는 것이 가능할까요?

새로운 곳에 들어가면 삼 년간은 말하지 말고, 삼 년간은 듣지도 말고, 삼 년간은 보지도 말고 융화되어 살아가야 한다는 예전의 조언은 지금 시대 눈으로 보면 차별과 폭압의 메시지입니다. '상사'와 '부하'는 '동료'로 바뀌고, '김부장'과 '박대리'는 '~님'이라는 호칭으로 변했지만, 아직도 익명 커뮤니티에는 "후배사원이 연차를 통보해서 기분이 나쁘다"는 불평들이 올라옵니다. 수직에서 수평으로 빠르게 변화하는 사회에서, 각자는 자신이 배웠던 공동체의 규칙이 와해되는 것을 경험하고, 사람들은 저마다 서운함과 억울함을 호소합니다.

사회생활을 하다보면 각자의 입장이 있고, 서로의 사정이 있습니다. 이런 시대에 여러분들과 함께 읽고 싶은 책은 『인성에 비해 잘 풀린 사람』입니다. 이 책은 우리 사회의 '먹고사는' 문제를 다룬 하이퍼리얼리즘 소설집입니다. 지은이들은 월급사실주의라는 기치 아래 모인 작가들로, 그들의 결의가 비장합니다.

'월급사실주의'가 찾은 실마리는 '월급', 즉 먹고사는 이야기에 있다. 이들의 창작 규칙은 세 가지다. 첫째, 한국 사회의 '먹고사는 문제'에 대해 문제의식을 갖는다. 둘째, 수십 년 전이나 먼 미래가 아니라 우리 시대의 현장을 다룬다. 셋째, 판타지를 쓰지 않고, 발품을 팔아 사실적으로 쓴다.

_구은서, '월급사실주의 작가들의 등장…
"현실의 밥벌이를 치열하게 쓰겠다"',
〈한국경제〉 2023년 9월 19일

자아의 성취와 밥벌이의 수단이라는 동전의 양면을 저울질하며 월급이라는 마약에 중독된 듯 살아가는 현대인들의 모습을, 저자들은 담담히 보여줍니다. 경제 규모의 지속적 확대 속에, '성장'이라는 단어를 양적 팽창의 의미로 이해해온 이들에게 지금의 상황은 당황스럽기도 합니다. 인구가 늘지 않고 세계 시장에서의 경쟁이 치열해지는 저성장의 사회에서 누구나 처할 수 있는 당혹스러움이기도 합니다. '뉴노멀'이라는 모호한 말로는 납득하기 어려울 만큼, 우리 사회는 지금껏 우상향의 그래프에 중독되어 있었기 때문입니다.

파이를 키워 분배의 총량을 늘리는 것이 어렵다면, 일에서 '의미'를 찾기라도 해야 합니다. 하지만 의미조차 판매를 위한 장식으로 여겨지고, 행위자는 위선의 불편함을 일상화합니다. 지금 여기서 일하고 있는 나의 모습을 스스로에게 설득하기 어려운 이들이 늘어나고, 모두의 꿈은 '미장'과 '가상자산'에 투자하여 이루고픈 '경제적 자유'와 '소득의 파이프라인'으로 향하고 있습니다.

하루 중 가장 많은 시간을 보내며 스스로의 성장이 정체되는 것을 느끼는 이들은 '월급루팡'을 감행하며 FIREFinancial Independence, Retire Early를 꿈꾸고 있습니다.

제가 쓴 『시대예보: 호명사회』(교보문고, 2024) 속, 이 책에 대한 설명으로 소개의 글을 갈음합니다.

자신의 본래 꿈과 관계 없이 생계를 위해 사는 이들의 모습은 최근 주목받는 소설집 『인성에 비해 잘 풀린 사람』에서 생생하게 그려집니다. '월급사실주의'를 표방하는 소설가들은 작품 속에서 프리랜서 아나운서, 공부방을 운영하다 그만두게 된 사교육 선생님, 외식업체의 정규직 지망 종업원, 업무가 줄어들고 있는 화장품 회사의 영업관리직원, 해외에서 다큐멘터리를 찍으러 온 제작팀을 도운 통역가, 명목상 비건 레스토랑을 운영하는 매니저 등 자신의 업무에서 무엇인가 가치관과의 불일치를 겪는 이들의 일상을 서늘하게 표현합니다. 그만둘 수도 없고, 그만둘 생각도 없지만 묘하게 어긋나는 이들의 공통점은 이러한 삶을 원하지 않았다는 출발점입니다. 각자 직업에 가지고 있던 꿈은 현실의 한계와 어김없이 충돌합니다. 이야기 속 등장인물들은 기회가 제한되었거나, 경쟁에서 밀려났거나, 너무나 강직하거나, 또다른 무언가의 이유로 지금의 일을 하고 싶어하지 않습니다. 하지만 그들은 '월급'이라는 마력을 거부하지 못하고 오늘도 생업의 현장을 떠나지 못합니다.

이 모든 현상은 우리가 성장기에 추구했던 가치들이 절대적이지 않았음을 보여줍니다. "이 꿈은 내 꿈이 아니었다"

라는 깨달음은 그동안의 선택이 좁은 세계에서 이루어졌던 가치판단에 기반했으며, 더욱이 외부 압력으로 형성되었을 수 있다는 자기 의심에서 비롯됩니다. 그 꿈의 출처는 다양할 수 있습니다. 부모의 꿈일 수도, 선생님의 꿈일 수도 있으며, 심지어 친구 부모들의 꿈이었을 가능성도 있습니다. 어쩌면 자신이 추구해야 하는 가치가 또래 집단의 아이들이 동시에 꾼 꿈을 세대적으로 쫓아간 결과일 수도 있는 것입니다. 이는 이전 세대가 자신들의 성취의 기쁨과 미성취의 콤플렉스를 함께 담아 다음 세대로 전가한, 세대를 지나온 이상향 추구의 다른 모습일 수 있습니다.

하지만 마침내 성취의 지점에 도달하고 나서야 그것이 자기 꿈이 아니었다는 깨달음을 얻고 다시 새로운 꿈을 찾는 이들이 늘어나는 것입니다. 사람은 가진 것이 없을 때보다 자신이 갖고 있었던 것이 대단한 것이 아니라는 것을 깨달았을 때 더 슬퍼집니다.

_송길영, 『시대예보: 호명사회』 중에서

우리의 일터에서 느끼고 있는 각자의 인지부조화를 줄이고픈 분들과 함께 읽고 싶습니다.

2025년 4월

송길영 드림

인성에 비해 잘 풀린 사람
월급사실주의 2024

남궁인·손원평·이정연·임현석·정아은·천현우·
최유안·한은형 소설
문학동네, 2024

이 책은 우리 사회의 '먹고사는' 문제를 다룬 하이퍼리얼리즘 소설집입니다. 지은이들은 월급사실주의라는 기치 아래 모인 작가들로, 그들의 결의가 비장합니다.
_송길영

이
슬
아

**늠름하게
읽고 쓰기 위하여**

1992년 서울에서 태어나 살아가고 있다. 2014년 데뷔 후 수필, 소설, 칼럼, 서평, 인터뷰, 서간문, 드라마 각본 등 다양한 장르를 넘나들며 글을 쓴다. 『인생을 바꾸는 이메일 쓰기』『가녀장의 시대』『부지런한 사랑』『깨끗한 존경』『새 마음으로』『날씨와 얼굴』『끝내주는 인생』 등 다수의 책을 썼다. 정릉에서 헤엄 출판사를 운영한다. 인스타그램 @sullalee

"글쓰기 좋은 계절이야." 요즘처럼 수풀이 무성한 초여름이면 스승이 말했습니다. 그러나 살이 에일 듯한 겨울에도 비 내리는 가을에도 식곤증이 몰려오는 봄에도 스승은 비슷한 말을 했지요. 그래서 저는 사시사철 글을 쓰는 사람이 되고 말았습니다. 반지하 월셋집에 과제가 얼마나 쌓여 있든, 통장 잔고가 얼마나 남았든, 낮술을 마시며 시작된 데이트가 얼마나 흥미진진하든 수요일 저녁이 되면 뚜벅뚜벅 글방에 갔습니다. 스승을 두려워하고 사랑했기 때문이에요. 이 스승의 이름은 어딘입니다. 어딘글방엔 저 같은 애들이 여럿 모여 있었습니다. 아무도 안 시켰는데 굳이 읽고 쓰려 하는, 책과 자신의 삶이 분명 상관있다고 믿는 영혼들 말입니다. 지금 이 편지를 읽고 계신 여러분처럼요. 어떤 날엔 좋은 글을 썼고 어떤 날엔 별로인 글을 썼습니다. 읽기나 쓰기나 이래저래 외롭고 괴로운 일이었어요. 하지만 혼자서 작가가 되는 사람은 아무도 없었습니다. 어딘이 설득한 진실 중 하나지요.

여느 때처럼 글쓰기 좋은 이 계절에 이 책 『활활발발』을 소개하는 건 그래서입니다. 읽고 쓰는 우리는 결코 혼자일 수 없음을, 여기에도 저기에도 동지가 있음을, 그것도 무척이나 활활발발하게 살아 있음을 함께 실감하려 합니다. 어딘이 우리를 위해 풍성한 사례를 잔뜩 준비해놓았거든요. 어딘은 동서고금과 제자들의 문장을 넘나들며 씁니다. 우주 만물에 대해. 생로병사에 대해. 작가의 탄생에 대해. 경쟁과 연대에 대해. 사랑과 전쟁과 역사와 정치에 대해. 그 모든 것을 담는 언어의 조합, 그러니까 문장이라는 것에 대해…… 눈물 핑 돌 만큼 멋지고 그리운 말들로 이야기하지요. 어딘의 글을 읽고 나면 저는 왠지 어제보다 늠름해집니다. 늠름하게 읽고 쓰고 고치고 다시 쓰는 사람이 되어 있습니다.

    그는 쟁쟁한 작가들의 스승이다. 나 역시 그와 함께 훈련하다가 작가가 되었다. 내게 어딘은 넘어야 할 산이자 돌아오고 싶은 언덕이다. 그리고 무엇보다 동료다. 동료가 무엇인지를, 스승과 제자와 라이벌과 원수가 어떻게 동료가 되는지를 어딘으로부터 배웠다. 그런 우정 때문에 누군가의 글이 얼마나 달라지는지도 배웠다. 큰 사랑을 지닌 스승에게 배웠으므로 나도 그를 닮아갈 수밖에 없을 것이다. 어딘을 만나지 않을 때에도 그의 넓고 깊고 독특한 시선이 내 주위를 흐르고 있음을 느낀다.

어딘의 책 『활활발발』에 바치는 저의 문장입니다. 대학은 안 갔어도 상관없지만, 어딘글방에는 갔어야만 했다고 종종 생각합니다. 열여덟 살부터 스물네 살 때까지 몸담은 어딘글방에서의 비하인드 스토리를 조만간 들려드릴 수 있다면 좋겠습니다. 생의 에너지로 가득찬 이 책이 여러분께는 어떻게 느껴질지 몹시 궁금하군요. 제가 가장 사랑하는 스승의 글을 함께 읽게 되어 설레고 영광스럽습니다. 멀고도 가까운 동지로서 여러분을 기다리겠습니다.

2022년 7월 초여름

이슬아 드림

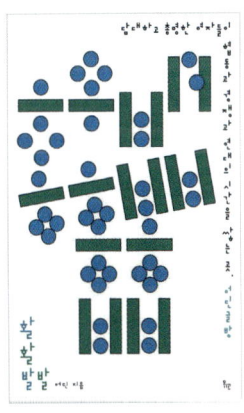

활활발발

담대하고 총명한 여자들이 협동과 경쟁과 연대의 시간을 쌓는 곳, 어딘글방

어딘 지음
위고, 2021

어딘의 글을 읽고 나면 저는 왠지 어제보다 늠름해집니다. 늠름하게 읽고 쓰고 고치고 다시 쓰는 사람이 되어 있습니다. _이슬아

○ 모춘

나의 이야기를
시작할 용기

유튜브 채널 <MoTV>를 운영하는 유튜버이며, 극장 무비랜드의 극장주다. 일상에서 발견한 감각적 사례를 콘텐츠로 전파하고 싶은 시니어 에디터이자 모빌스그룹의 크리에이티브 디렉터로 일하며 그 안에 속한 브랜드 모베러웍스에서 다양한 프로덕트를 만들고 있다.

안녕하세요. 모춘입니다.

여러분, 혹시 <MoTV> 보신 적 있으신가요?

<모티비>는 제가 운영하는 유튜브 채널입니다. 이 채널은 모베러웍스라는 브랜드를 만드는 과정을 기록하고 있습니다. (구독 부탁드립니다 ^**^;)

브랜드를 만드는 과정을 보여준다고 했지만 <모티비> 1화에는 두서없는 제 넋두리뿐입니다. 회를 거듭해도 진전되는 이야기는 많지 않고 기승전결도 희미하게 계속 제 이야기를 할 뿐입니다. 대체 왜 저는 저의 이야기만 하는 것이었을까

요? 곰곰이 생각해보면 이런 방식에 영향을 주었던 책이 한 권 있습니다. 스티븐 킹의 『유혹하는 글쓰기』라는 책입니다.

이 책을 쓴 스티븐 킹은 세계적으로 수많은 히트작을 낸 거장입니다. 그의 소설을 원작으로 한 영화도 셀 수 없고요.

이 책을 접했을 때 저는 회사원이었습니다. 당시 저는 월급이 주는 안정감에 안도하는 한편, 반복되는 생활의 무기력함을 창작활동을 통해 돌파해보고자 소호와 사이드 프로젝트를 진행하고 있었습니다. 단편소설을 만드는 프로젝트였는데 마음과 다르게 작업은 엉성하기 짝이 없었고, 거장이 생각하는 글쓰기 방식 또는 창작론을 엿본다면 작업의 완성도를 높이는 데 도움이 되리라는 얄팍한 수로 이 책을 읽게 되었습니다. 저희의 간절한 마음을 비웃기라도 하듯 이 책은 이렇게 시작합니다.

글쓰기에 대한 책에는 대개 헛소리가 가득하다.

그리고 책의 3분의 1 분량이 넘도록 스티븐 킹은 자기가 살아온 이야기만 합니다. 그 이야기는 대단한 무용담도 아닙니다. 꼬마 시절 처음 이야기를 만들어 엄마에게 칭찬받았던 소소한 순간부터 커리어 초반 세탁소에서 일하며 성인물 잡지에 원고를 송부하며 지낸 우중충한 시절의 이야기, 마침내 히트작을 냈지만 수익의 대부분을 출판사가 가져간 이야기 등 왠지 우리 동네에서 있을 법한 에피소드의 연속입니다. 당연한 사실이지만 거장의 처음도, 그의 창작 과정도, 우리와 다를 것 없이 하루하루가 쌓여 만들어진다는 것이 새롭게 다가왔습니다.

제가 이 책에서 가장 크게 감응했던 부분은 책의 구성이었습니다. 보통 글쓰기 책이라면 기술서나 계발서 등의 교재 형태가 떠오릅니다. 스티븐 킹은 『유혹하는 글쓰기』에서 이런 구성을 벗어나 자기 이야기를 들려줌으로써 독자 스스로 글쓰기와 창작에 대한 답을 찾아가도록 함께 대화한다는 인상을 받았습니다. 정답을 제시하는 것이 아니라 사례를 보여줌으로써 함께 생각할 수 있는 공간을 만드는 것. 얄팍하게 창작의 기술을 배워보려 읽은 책에서 만난 것은 스티븐 킹이라는 사람의 이야기였고, 그 이야기를 통해 독자인 저 스스로 창작자의 태도에 대해 생각해볼 수 있었습니다.

<무 티비>를 시작할 때는 미처 몰랐지만, 저 역시 스티븐

킹처럼 저의 이야기를 하고 있었습니다. 스티븐 킹의 이야기가 그렇듯 정답을 제시하지 않아도 내밀한 개인의 이야기가 다른 누군가에게 스스로 돌아볼 수 있는 계기가 될 수 있다는 것을 무의식 속에 느꼈던 것 같습니다.

퇴사를 하고 <모티비>를 시작하며 새로운 것을 만들어야 한다는 압박감도 컸고 무엇부터 시작해야 할지 막막한 기분도 들었습니다. 아마 <모티비>를 시작할 때의 저와 비슷한 상황과 감정을 느끼는 분들도 계실 거라 생각합니다. 그런 분들에게 스티븐 킹의 『유혹하는 글쓰기』를 추천하고 싶습니다. 대단한 창작의 기술을 얻지 못할 수 있지만 제가 그랬던 것처럼 자기 이야기를 시작할 수 있는 용기는 얻을 수 있지 않을까요?

2021년 10월

모춘 드림

추신
원서 표지에 담긴 작업실 속 스티븐 킹 모습을 함께 나누고 싶어 그림 한 장 띄워봅니다.

유혹하는 글쓰기

스티븐 킹의 창작론

스티븐 킹 지음, 김진준 옮김
김영사, 2017

당연한 사실이지만 거장의 처음도, 그의 창작 과정도, 우리와 다를 것 없이 하루하루가 쌓여 만들어진다는 것이 새롭게 다가왔습니다. _모춘

○ 강민혁

나는 왜 이토록 많은 경험을 하려 하나

밴드 CNBLUE 드러머, 배우 그리고 강민혁. 누군가의 앞에 나서는 걸 어려워하는 내가 무대와 카메라 앞에 서는 일을 하고 있다. 그리고 2022년 작가라는 이름 앞에 섰다. 보이는 것만이 전부가 아니듯 당연하다고 여기던 것들 그리고 나 자신에게도 새로운 시선을 가져보려 한다. 단상집 『다 그런 건 아니야』를 썼다.

안녕하세요. 2022년 6월의 큐레이터로 인사드립니다.

밴드 CNBLUE에서 드럼을 치며 사람들에게 이름을 알리게 된 저는 강민혁이라고 합니다.

어느 누군가에게는 배우, 연예인, 친구, 그 외 어떠어떠한 사람 강민혁일 수도 있겠네요.

얼마 전 저는 단상집 『다 그런 건 아니야』라는 책을 출간하며 작가로서 새로운 경험을 했습니다. 평소 다양한 경험을 하는 것은 살아가는 데 있어 어떤 방식으로든 도움이 될 것이라 믿어왔습니다. 하여, 책발전소북클럽 이달의 큐레이터로서의 경험 역시 꽤 의미 있을 것이란 생각에 함께하게 되었습니다.

솔직하게 말씀드리면 사실 저는 어릴 때부터 책과는 담을 쌓고 지냈습니다. 저에게 책이란, 학창 시절 내내 친해지지 못한 미지의 영역과도 같은 존재, 세상이었습니다. 그런 제가 작가가 되어 책을 출간했다니, 신기하기도 하고 한편으론 삶이 참 재밌게 느껴지기도 합니다. 그래서인지 책을 소개하는 이달의 큐레이터로서 편지를 쓰는 지금, 북클럽 멤버분들에게 어떤 말을 먼저 전하면 좋을지 막연한 걱정이 앞서네요. 이달의 큐레이터로 함께하기로 결심한 뒤 한동안 어떤 책을 소개해드려야 할지 진지하게 고민하는 시간을 가졌습니다. 제 책장 속 퍼지지 못한 수많은 책 중 어떤 책을 골라야 후회가 남지 않을까 하는 생각에 책을 뽑았다 넣기를 반복하기도 했고요. 그러던 어느 날 제 깊은 고민을 알아차리기라도 한 듯 멍한 기분이 들게 만드는 제목의 책 한 권이 눈에 들어왔습니다. 그게 오늘 여러분에게 소개해드릴 류시화 시인의 『새는 날아가면서 뒤돌아보지 않는다』입니다.

여러분은 지금 제 편지를 읽으며 저라는 사람에 대해 어떤 생각을 하고 계실까요? 경험을 중요하게 생각하는 저로선 이 편지가 여러분의 삶에, 또한 제 삶에 어떤 행복을 가져다 줄지를 상상하니 신기한 마음과 함께 설레는 마음이 듭니다. 누군가는 '아니, 밴드 드러머라더니 배우도 하고, 책도 쓰고, 한 가지 일만 해도 힘들고 잘하기 힘든데 뭐 저렇게 많이 해. 하나라도 진득하게 잘하지'라고 생각할 수도 있습니다.

그러나 저는 앞서 말씀드렸듯 다양한 경험을 좋아하는 사람이라 제가 하는 모든 일을 좋아하고 의미 있다고 생각하고 있습니다. 이러한 제 마음을 대변하기라도 하듯, 이 책의 프롤로그 또한 "내가 묻고 삶이 답하다"라는 문장으로 이야기를 열어갑니다.

왜 프롤로그에서 작가는 독자와 인생을 이야기하고 싶다고 했는지, 책을 읽으면 읽을수록 그 이유를 더욱 잘 느낄 수 있었습니다. 마치 누군가 제 앞에서 자신의 이야기를 들려주는 듯한 느낌이 들었고 제 삶에도 질문을 던지는 듯한, 그야말로 작가와 온전히 대화를 나누고 있는 것 같은 느낌이 드는 책이었습니다. 제 생각과 경험, 이야기들이 비슷하게 녹아 있는 부분을 책 속에서 발견할 땐 마치 친구와 이야기 나누다 격한 공감을 하는 듯한 기분이 들기도 했습니다.

만약 여러분도 이 책을 읽게 된다면 좋아하는 문장이나 구절을 하나만 꼽기가 쉽지 않으리라 생각합니다. 그럼에도 굳이 꼽아 설명해보자면 저는 이 책을 읽는 순간 저만의 공간이 '퀘렌시아'가 되고 저의 경험은 '푸른 꽃'이 되는 것 같은 기분이 들었습니다. 요즘 친구들에게 가장 전하고 싶었던 내용이 담겨 있는 「예찬」이란 글도 인상깊었고, 「그대에게 가는 먼 길」이라는 글의 내용은 제 책의 '가장 쉬운 표현'이라는 글과 참 닮았다는 생각이 들었습니다. 「죽음 앞에서」라는 글 또한 제가 생각했던 죽음과 비슷해서 참 좋았고, 「우연한 선물」이란 글을 읽으며 제가 이 책을 더 자세히 소개할 수 있게 된 것도 뜻밖의 선물이란 생각이 들어 와닿았습니다.

짧은 산문들이 모인 이 책을 읽으며 저는 단 하나의 산문조차 가볍게 넘기지 못하였습니다. 그야말로 공감과 깨달음의 시간을 가질 수 있었습니다. 한 권의 책을 읽으면서도 영상을 보는 듯했고 마치 제가 작가의 이야기 속 장소에 함께 있는 듯한 기분이 들기도 했습니다.

새는 자유를 위해 나는 것이 아니라, 나는 것 자체가 자유이다. 다시 오지 않을 현재의 순간을 사랑하고, 과거 분류하기를 멈추는 것. 그것이 바람을 가르며 나는 새의 모습이다. 자신이 어디로 가고 있는지 몰라도 날개를 펼치고 있는 한 바람이 당신을 데려갈 것이다. 새는 날갯짓에 닿는 그 바람을 좋아한다.

앞으로도 저는 끊임없이 다양한 경험을 해볼 생각입니다. 제가 왜 많은 걸 경험하고 싶어하는지는 사실 저도 잘 모르겠습니다. 단지, 이 경험들이 어떻게든 제게 도움이 될 거라는 막연한 믿음만 있을 뿐입니다. 경험이 쌓이고 쌓여 그 언젠가 이들이 제게 어떠한 답을 해주겠죠. 그 순간을 상상하니 무척이나 설레는 마음이 드네요. 어쩌면 저 역시 편지를 통해 여러분과 인생을 이야기하고 싶었는지도 모르겠습니다.

여러분에게 저는 어떤 강민혁으로 기억될까요?
그게 참, 궁금한 밤입니다.

2022년 6월

강민혁 드림

새는 날아가면서 뒤돌아보지 않는다

류시화 지음
더숲, 2017

저는 이 책을 읽는 순간 저만의 공간이 '퀘렌시아'가 되고 저의 경험은 '푸른 꽃'이 되는 것 같은 기분이 들었습니다. _**강민혁**

◯ 박신후

나라는 브랜드는
현재 어떤 모습인가요?

―――――――――――――――――――――――――――――
―――――――――――――――――――――――――――――

행복을 파는 브랜드, 오롤리데이 대표. 누군가에게 긍정적인 영향력을 줄 때 가장 큰 행복함을 느끼는 사람 롤리는, 늘 뭔가 새로운 일을 꾸미고 있다. 제품 기획부터 개발, 디자인, 마케팅, 전반적인 운영과 디렉팅까지 오롤리데이의 모든 것을 담당한다. 지은 책으로『행복을 파는 브랜드, 오롤리데이』가 있다.

안녕하세요. 오늘은 창밖으로 비가 많이 쏟아지는 일요일입니다. 매일을 정신없이 바쁘게 보내는 저는, 주말이면 하루 종일 축 늘어진 채로 침대 위에서 시간을 보내는 것을 좋아합니다. 천성이 굉장히 게으른 사람인데, 하도 바쁘게 살다 보니 저를 부지런한 사람으로 오해하는 사람들이 많더라고요. 음…… 사실 전 침대 위를 굉장히 좋아합니다. (ㅎㅎ)

아, 제 소개가 늦었네요. 저는 '행복을 파는 브랜드, 오롤리데이'를 운영하고 있는 9년 차 사업가이자 브랜드 디렉터이자 얼마 전 책을 출간한 작가이기도 한 롤리라고 합니다. 누가 "신후야"라고 하면 조금 어색해질 정도로, 이제는 '롤리'라고 훨씬 많이 불리고 있습니다. 롤리는 이젠 더이상 단순한 닉네임이 아니라, 저라는 사람 그 자체라고 말할 수 있어요. 대학교 1학년 때, 영어 이름을 지으라는 원어민 교수님의 말에 '부르기 쉽고, 기분이 좋아지는 이름'이라는 생각으로 얼떨결에 지은 그 이름이, 그로부터 16년이 지난 지금까지 이름보다 더 많이 불리고 있을 거라고 누가 상상이나 했을까요.

롤리가 더이상 단순한 닉네임이 아니라, '나라는 사람 그 자체'라고 표현한 이유는, '오롤리데이'가 저의 전부가 되었기 때문입니다. 참 거창하죠? 이 브랜드를 시작할 때, 이렇게 오래 하고 있을 거라고 생각하지 못했고 현재 하고 있는 비즈니스의 규모를 감히 꿈꾸지도 못했었지만 딱 하나는 확실했습니다. '누군가를 행복하게 만들 수 있는 무언가를 만들고 나도 행복해지자!'는 목표요. <Oh, happy day>라는 노래를 듣다가 'oh, lolly day!'라는 브랜드명을 지었던 것처럼, 롤리라는 단어가 많은 이들에게 happy의 의미로 다가가길 바랐어요. 지금은 다들 오롤리데이를 떠올리면 'Happy'가 가장 먼저 떠오른다고 하는 걸 보니 일단 제 목표는 반쯤 성공한 것 같습니다!

오늘 제가 여러분께 소개드리고 싶은 책은 임태수 작가님의 『브랜드 브랜딩 브랜디드』입니다. 제목만 봐도 무엇에 관련된 책인지 너무 잘 아시겠죠? 네! 몇 년째 가장 트렌디한 단어라고 해도 과언이 아닌 '브랜딩'을 주제로 한 책입니다.

저는 2년 전쯤 이 책을 읽으며 위로받고 확신을 얻었습니다. 브랜딩은 참 어렵고 외로운 일이에요. 그게 내 사업이라면, '내가 잘하고 있는지' 혹은 '뭘 잘못하고 있는지'에 대해

피드백을 해줄 사람이 없어 더욱이요. 쉽게 포기해버릴 수도 없는 일이기에 '꾸역꾸역' 무언가를 해나갈 때가 더 많습니다. 저 역시도 마찬가지였어요. '내가 잘하고 있는 게 맞을까?'라는 생각이 많이 들던 시기에 이 책을 읽게 되었고, 확신을 얻게 되었죠. 존경할 수 있는 따뜻한 선배가 "너 잘하고 있어. 그렇게만 해"라고 얘기해주는 것 같았거든요.

임태수 작가님의 문장은 어렵지 않아요. 누구라도 이 책을 읽으면 브랜드와 브랜딩에 대하여 쉽게 이해할 수 있고, 공감을 할 수 있을 거예요. 다양한 경험 등을 통해 깨닫게 된 인사이트와 본인의 생각이 버무려진 메시지가 억지스럽지 않고, 자연스럽게 고개를 끄덕이게 해요. 특히나 저의 생각과 비슷한 부분이 많아서 그런 부분들은 밑줄을 좍—좍— 그으며 읽다보니 꽤 많은 줄이 그어져 있네요.

누군가 저에게 브랜딩이 뭐냐고 물어본다면 '나의 진짜 모습이 선명해지는 것'이라고 얘기합니다. 내가 나를 혹은 나만의 브랜드를 브랜딩하려면 가장 중요한 것은 일단 '본래 나의 모습', 즉 '진짜 아이덴티티'를 알아차리는 것입니다. 알아차려야 그것을 드러낼 수 있고, 그게 가짜가 아니라 진짜여야만 지속할 수 있기 때문이에요. 지금 이 편지를 읽고 계신 분이라면 분명 '나'에 대한 탐구열이 있는 분이라고 감히 확신을 해봅니다.

밑줄 친 수많은 문장 중 한 구절을 소개해볼까 합니다.

철학과 비전이 명확한 브랜드들은 눈에 띄는 브랜딩이나 대대적인 마케팅 커뮤니케이션 활동 없이도 이내 마니아층을 형성한다. 좋은 브랜드는 오랜 시간 한결같은 모습으로 사람들과 지속적인 공감대를 만들어가기 때문이다. 크게 이슈가 되어 얼마간 사람들의 관심이 집중되는 브랜드를 '베스트셀러'에 비유한다면, 좋은 브랜드는 마치 '스테디셀러'와 같다. 장인 정신을 갖춘 명품 브랜드는 '고전'에 비유할 수도 있겠다.

나라는 브랜드는 현재 베스트셀러인가요? 스테디셀러인가요? 혹은 아직 제대로 모습을 갖추지 못했나요?

이 책을 읽는 것이, 오랜 시간 지속할 수 있는 '진짜 나'라는 브랜드의 모습을 더 선명히 할 수 있는 계기가 되기를 바랍니다. '진짜 나'에 대한 이야기를 많이 나눌 수 있게 되면 좋겠습니다.

여러분들과 이야기 나눌 그날을 기다릴게요.

2022년 9월 푹푹 찌는 한여름에

롤리 드림

브랜드 브랜딩 브랜디드
임태수 지음
안그라픽스, 2020

누군가 저에게 브랜딩이 뭐냐고 물어본다면 '나의 진짜 모습이 선명해지는 것'이라고 얘기합니다. _**박신후**

석윤이

어떻게 하면 상상력과
창의력을 잃지 않을까

열린책들과 미메시스에서 디자인 팀장으로 일했다. 다양한 출판사의 시리즈 아이덴티티 디자인을 했으며, 다수의 수상 경력이 있다. 북디자이너와 그래픽디자이너로 활동, 모스그래픽을 운영하며 즐거운 그래픽을 담은 물건을 만드는 작업을 하고 있다.

'디자인에 관련한 도서를 선정해야 한다면, 좀더 자신 있게 설명할 수 있을 텐데.'

어떤 자리에서 누군가에게 감정이나 감동을 이야기로 표현하는 것이 제겐 익숙하지 않습니다. 오직 내가 경험한 사실, 전문적인 부분에 대해서는 한 시간 이상도 쉬지 않고 말할 수 있는데요, 그 차이에 대해서 진지하게 고민해본 적이 있습니다.

감동을 받아 시각적으로 표현하는 것은 익숙한데, 말로 표현하는 데는 서투른 겁니다. 북디자인을 오래 하면서 하나의 훈련을 거듭하게 됩니다. 텍스트를 접하고, 빠른 시간 안에 이미지로 상상해 풀어내기까지의 시간은 점점 단축됩니다. 읽고 이해하는 것이 아닌, 보고 그려내는 방식으로 풀어내기 때문입니다. 텍스트란 저에게 있어 하나의 이미지입니다.

『어머니를 위한 여섯 가지 은유』는 어머니에 대한 책이 아니라, 어머니라는 존재와 삶에서부터 아주 소소하게 생각될 수 있는 것들까지, 다양한 이야기를 은유적으로 풀어내고 있습니다. 이 책을 읽으며 정말 오랜만에 '독서의 즐거움'을 경험했습니다. 은유란 이런 것이지. 소제목부터 문단 하나하나를 지나갈 때마다 문단 한 덩어리 한 덩어리가 이미지로 그려지는 것이었습니다. 만약 글과 그림을 합친다면 이런 것일까 생각해봅니다.

요즘 저의 최대 관심사는 '어떻게 하면 상상력과 창의력을 잃지 않는가'입니다. '어떻게 하면 더 디자인을 잘할까, 더 많은 일을 할까'가 아닌, 대체로 순수함과 초심을 잃지 않는 것에 초점이 맞춰져 있습니다. 마르지 않는 상상력의 우물이 필요합니다. 그것이 무엇일까? 나는 어디에서 끊임없이 에너지를 얻을까. 우리가 그것을 안다면 늘 정해진 곳을 찾아가 우물을 파고, 공급을 받게 될 것입니다. 하지만 그 감동과 에너지에서 비롯된 상상력과 창의력은 항상 같은 곳에 있지 않습니다. 나이가 들면서 세상을 알아가면서 책임을 지는 것들이 늘어가면서 계속해서 바뀌어갑니다.

이 책에서 말하는 이어령 선생님의 상상력의 우물은 무엇이었을까?

빈약할망정 내가 매일 퍼내 쓸 수 있는 상상력의 우물을 가지고 있다면, 그리고 내가 자음과 모음을 갈라내 그 무게와 빛을 식별할 줄 아는 언어의 저울을 가지고 있다면 그것은 오로지 어머니 목소리로서의 책에서 비롯된 것이다. 어머니는 내 환상의 도서관이었으며, 최초의 시요, 드라마였으며, 끝나지 않는 길고 긴 이야기책이었다.

이 글은 시작에 불과합니다. 바다, 사막의 선인장, 우수, 다이아몬드, 고향, 연, 귤, 호적…… 시대는 다르지만 어쩌면 한 번쯤은 들어봤을 법한 것들에 관한 이야기. 여자라서, 남자라서, 부모이면서 자녀이기에 사무치게 공감할 수 있는 이야기를 그림과 같은 은유로 표현합니다.

개인적인 경험을 떠올려보면, 어린 시절부터 저는 책, 영화, 음악의 취미를 골고루 지닌 부모님 덕분에 풍성한 예술의 자원 속에 있었습니다. 돌이켜보니 그 자원은 '평범함'이고, 아주 사소한 것들로부터 느끼는 행복, 위기를 극복하는 지혜, 어떤 상황 속에서도 감사하게 하는…… 억지로는 만들어낼 수 없는 에너지였습니다. 지금의 나는 어떻게 만들어졌는가. 나도 나의 자녀에게 부모의 존재 자체로 그 에너지를 스스로 생성하게 할 수 있는가. 이 책을 통해 자꾸 과거로 돌아가봅니다. 돌아가서 그 방법을 찾아보려고 합니다.

> 언제나 떨어지는 꿈을 꾸고 놀라서 눈을 떴을 때 어머니는 말씀하셨다. "애야, 너무 놀랄 것 없다. 키가 크느라고 그런단다." 어렸을 때의 이 경험은 죽을 때까지 계속되어갈 것이다. (…) 아무리 세속의 조건이 나를 행복하게 한다 하더라도 나는 꿈(문학) 속에서 늘 추락하리라. 나의 지식으로부터, 재력으로부터, 명성이나 박수 소리로부터 자진해서 추락하는 꿈을 꾸어야만 내 신장은 멈추지 않고 커갈 수 있을 것이다.

글로 표현한다는 것은 얼마나 아름다운가. 내가 느끼고 말하고 싶은 그것을 또박또박 정확하게 표현한다면 얼마나 좋을까 부러우면서도, 각자가 다양한 이야기를 상상할 수 있는 아름다운 그림 한 장으로 표현해내는 것도 멋진 일이라는 생각이 듭니다.

주변에 가득한, 무겁고 혹은 가벼운 것들로부터 벗어나 내 상상력의 우물물을 길어내는 시간을 갖길 바라는 마음으로 이 책을 권합니다.

2023년 10월

석윤이 드림

어머니를 위한 여섯 가지 은유

이어령 지음
열림원, 2022

지금의 나는 어떻게 만들어졌는가. 나도 나의 자녀에게 부모의 존재 자체로 그 에너지를 스스로 생성하게 할 수 있는가. 이 책을 통해 자꾸 과거로 돌아가봅니다. 돌아가서 그 방법을 찾아보려고 합니다. _석윤이

○ 정성은

잘 만들어진 이야기는
기적입니다

1989년 개천절에 태어났다. 국가 공휴일이라 그런지 생일이면 자주 외로워지는 유년기를 보냈다. 취업이 잘 되는 과에 들어갔지만, 좋아하는 일을 하며 살고 싶어 잘못된 선택을 하였다. 글쓰고 영상 만드는 일을 하며, 사람들이 솔직해질 수 있도록 도와주는 워크숍을 연다. 최근엔 스탠드업 코미디에 빠져 '서촌코미디클럽'을 차렸지만, 남을 웃기기보단 자신이 웃는 거에 관심이 많다. 특히, 자신이 만든 영상을 계속 돌려보며 웃는 걸 좋아한다. 지은 책으로 『궁금한 건 당신』이 있다.

안녕하세요, 책발전소북클럽 멤버 여러분. 에세이 쓰는 정성은입니다. 이렇게 여러분과 인사할 수 있어 기쁘고, 또 조금은 떨리기도 합니다. 저는 지금 서울의 남산도서관에서 이 글을 쓰고 있어요. 여러분이 계신 곳은 어디신가요? 저를 모르시는 분도 많으실 텐데, 차차 알아가면서 함께 모험을 시작해볼까요?

2024년 10월, 저는 특별한 기회를 얻었습니다. 첫 책 『궁금한 건 당신』이 이달의 큐레이터로 선정된 이연실 편집자님의 추천을 받았기 때문인데요. 세상에는 좋은 책이 너무 많잖아요. '어떻게 해야 무명작가의 책이 독자들에게 가닿을 수 있을까?' 고민하던 저는 편집자님의 레터를 읽으며 눈물을 흘렸습니다. 오늘 추천하려는 책의 주인공인 5학년 명은이처럼 부모님께 자랑하기도 했죠.

"엄마, 아빠. 누가 그러는데, 내가 잘하고 있대……!"

하지만 부모님은 여전히 제가 걱정스러우신가봅니다. 결혼도, 경제적 안정도 없이 글을 쓰고 코미디를 하는 제 모습이 남들에게 어떻게 보일지 염려하시죠. 어제도 선을 본 남성분과 '교제라도 해보라'는 전화를 받았습니다. "마음이 없다는데 왜 자꾸 그러세요?"라고 여쭤보니, 엄마는 "혼기가 지나가니 그렇지, 그 외엔 길이 있나"라고 하시더군요. 물론 제가 노처녀긴 하지만……! 조금 속상했어요.

> 가족은 무엇일까요?
> 저에게 가족은 물음표예요.
> 세상엔 수많은 가족의 모습이 넘쳐나는데,
> 우리 가족만 보기에는 없는 것 같아요.
> 엄마 아빠는 왜 내 입장을 생각해주지 않는 걸까요?
> 전 아주 오래전부터 이렇게 묻고 싶었어요.
>
> _『비밀의 언덕 각본집』 중에서

오랜만에 부모님의 걱정 섞인 조언을 듣고 마음이 복잡해진 저는 길을 걸으며 이런저런 생각에 잠겼습니다. 그러다 집으로 돌아와 『비밀의 언덕 각본집』을 읽으며 스르르 잠이 들었어요. 다음날 눈을 뜨니 부모님에 대한 서운함이 한결 옅어져 있더군요. 이 영화 속 엄마도 딸을 누구보다 사랑하면서도 "니 주제 파악 좀 하고!" 같은 말을 툭 던지더라고요? ㅎㅎ 엄마들은 왜 그러나 몰라~ 딸이 누구보다 행복해지길 바라면서.

저는 이렇게 살고 있어요. 여러분은 어떠신가요? 잘 지내고 있나요. 가끔 마음속에서 우러나오는 말을 어딘가에 토해내듯 적어두기도 하나요? 그 글을, 누군가에게 보여주기도 하나요? 당신이 아무에게도 말하지 않은 이야기가 궁금해요. 우리가 함께할 여정은 그 비밀의 언덕까지 가보는 거거든요.

자, 그럼 본격적인 책 이야기를 하겠습니다. 사실 책은 보시면 알게 될 테니 제가 왜 이 책을 골랐는지부터 말씀드려볼게요.

제 인스타그램 아이디는 cinephileme입니다. 원래는 '영화광'이라는 뜻의 cinephile을 쓰고 싶었지만, 이미 누군가 사용중이더군요. 그래서 '시네필……인 나를……!' 하는 마음으로 뒤에 me를 붙였더니 사용 가능하길래 그렇게 정했습니다. 어릴 때부터 영화를 좋아해서 혼자 극장에 가곤 했는데, 열네 살 때는 15세 관람가 영화 <몽정기>를 보러 갔다가, 혹시나 입장을 거부당할까봐 옆에 계시던 아주머니께 '저를 딸인 척해주실 수 있냐'고 부탁했던 기억이 납니다. 다행히 그분이 티켓을 대신 사주셔서 무사히 영화를 볼 수 있었죠.

그런 제가 최근 몇 년간 가장 재미있게 읽은 소설은 정대건 작가의 데뷔작 『GV 빌런 고태경』입니다. 영화감독의 꿈을 쫓는 주인공이 등장하는 이 책은 실제 영화학교를 수료한 감독의 자전적 이야기이기도 해요. 저도 그 영화학교에 가고 싶었거든요. 12년 전 졸업영화제에서 정대건 감독님을 알게 되었고, 이후 소설가가 되셨다는 소식에 그분의 단편영화 제작 워크숍도 들었습니다. 그때 시나리오 과제가 있어 처음으로 각본집이란 걸 샀어요. 그리고 군산에 내려가 (영화감독들이 지방 모텔에 갇혀 시나리오를 쓰면 잘 써진다고 하길래 갔습니다) 시나리오를 쓰려는데 당최 써지질 않아, 햇살이 드는 카페에서 영화 <벌새>의 각본집을 펼쳤습니다. 그리고 한 장씩 읽어나가는데 분명 영화를 보는 게 아닌데도, 영화의 장면들이 머리에 스쳐지나가면서, 깊이 몰입되어 마지막엔 어깨를 들썩이며 울었던 기억이 나요. 앉은자리에서 처음부터 끝까지 각본집을 완독한 그 경험이 잊히지가 않아, 여러분께도 선사해드리고 싶어 골랐어요.

하지만 <벌새>는 이미 널리 알려진 영화고, 각본집도 23쇄 넘게 인쇄됐다고 들었죠. 그래서 보다 덜 알려진, 하지만 전 세계 사람들이 봤으면 좋겠는 영화로 골랐습니다. 저는 박찬욱 감독의 <아가씨>나 봉준호 감독의 <기생충>이 훌륭한 영화임에는 분명하지만, 전 인류가 봐야 한다고까진 생각하지 않는데요. 하지만 이 영화는 다릅니다. 바로 2023년에 개봉한 독립영화, 이지은 감독의 <비밀의 언덕>입니다.

영화를 보고 각본집을 읽을지, 각본집을 읽고 영화를 볼지는 선택하셔도 됩니다. 하지만 시간이 허락한다면 두 매체를 다 봐주시길 부탁드립니다. 그리고 영화는 어둡고 조용한 곳에서 큰 화면으로 한 번에 끊지 말고 처음부터 끝까지 봐주시면 감사하고요. 제가 너무 컨트롤 프릭 같나요? 죄송합니다. 하지만 영화란 원래 그런 것이지요.

책의 서문에서 감독님은 말합니다.

> 모쪼록 일상을 살아가시다가 문득문득 〈비밀의 언덕〉 속 인물들이 떠오르셨으면 좋겠습니다. 명은이도 좋고, 애란, 경희, 성호, 혜진, 진우, 기남, 민규, 하얀, 단 하나의 대사만 있는, 혹은 대사는 없지만 등장만 하는 그 어떤 인물이어도 좋습니다.
> 그 누구라도 지금의 당신에게 위안이 되길 바랍니다.

영화를 먼저 본 저는 의아했습니다. 기억에 남는 인물은 명은이 정도라고만 생각했거든요. 그런데 각본집을 읽으며, 제가 놓쳤던 수많은 인물들 속에서 제 모습을 발견하게 되었습니다. 매일 지각하는 20대 여선생 애란에게서, 딸이 상을 받아와도 "겨우 우수상이야?"라는 말이 먼저 튀어나오는 성호에게서, 변변한 직업 없이 막노동을 하면서도 그림을 그리고 양복을 곱게 차려입는 진우에게서, 문구점에서 아이들을 상대하면서 틈틈이 수필을 쓰는 사장님에게서, 친구의 약점을 들춰내고 싶어하는 민규에게서, "우린 준비 같은 거 안 해. 그냥 자기 얘기를 솔직하게 하면 선생님들이 감동받으면서 상을 주거든" 하는 혜진에게서, 그리고 무엇보다, 주인공 명은의 모든 순간에서……

그러자 친구가 그러더군요.
"근데 넌 명은이가 아니라 혜진이잖아."
"(ㅎㅎ… 머쓱)"

스포일러 없이 얘기하려다보니 쉽지 않네요. 어서 다 보고 여러분과 같이 웃었으면 좋겠습니다. 마지막으로 김혜리 기자님과의 인터뷰에서 감독님은 말합니다.

촬영중 반 친구 역할을 한 단역배우가 있었는데, 편집실에서 깜짝 놀랐죠. 그 친구가 '액션' 사인이 나오면 매번 가방에서 뭘 꺼내는 연기를 나름 자연스럽게 하려고 노력하고 있더라고요. 아주 작은 역이지만 '나는 여기서 앉아서 그저 시간을 보내는 게 아니라 남과 다른 학생1을 만들 거야'라는 결심을 보면서 또다른 명은이를 봤어요. 영화 현장은 각자 집에서 소중히 갖고 온 욕망들이 만나는 장소였어요.

시나리오는 그동안 익숙하게 봐온 수필, 소설과는 다를 거예요. 지극히 경제적으로 언어를 사용하죠. 대사 한 줄, 장면 하나만으로 이야기가 만들어져야 하기 때문에요. 하지만 읽다보면 쓰고 싶어질지도 몰라요. 이렇게 장면이 만들어지는구나. 이야기가 탄생하는구나. 저는 최근에 집에서 재미없는 영화를 보았는데, 그때 깨달았어요. 잘 만들어진 이야기는 기적이라는 것을.

이 영화는 한 장면을 위해 달려간다고도 할 수 있어요. 그 장면이 어떻게 만들어졌는지 알고 싶었고, 글로만 읽어도 아름다운지 궁금했어요. 역시나, 그랬어요. 그 아름다움에 이끌려, 이 책을 선택하게 되었습니다.

무엇보다 이 영화의 주제는 제가 지난 몇 년간 가장 많이 고민했던 화두이기도 합니다. 곧 나올 저의 두번째 책의 이름이 『치부노트(가제)』(2025년 하반기 안온북스 출간 예정)거든요. 나의 치부를 어디까지 드러낼 수 있을까. 내 손끝에서 나오는 건 분명 나만의 진실일 텐데, 펜을 쥔 사람에겐 권력이 생기는 건데, 타인에게 상처 주지 않으면서도 진실되게 쓸 수 있을까.

답을 몰랐기 때문에 질문을 끝까지 가져갔고, 그것이 작품을 만드는 동력이 되었다고 감독님은 말씀하셨습니다. 그러니 저도 두려워하지 않고 나아가고 싶습니다. 저와 여러분의 모험과 실패를 미리 축하하며, 그 모든 순간이 결국 우리가 원하는 곳에 닿게 할 열쇠가 되기를 바랍니다.

2025년 5월
정성은 드림

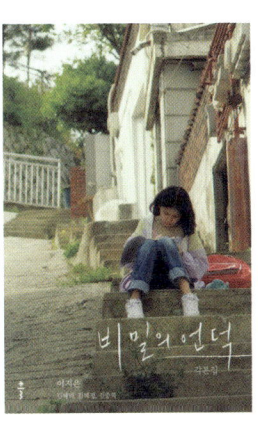

비밀의 언덕 각본집

이지은·김혜리·김혜정·김중혁 지음
클, 2024

당신이 아무에게도 말하지 않은 이야기가 궁금해요. 우리가 함께할 여정은 그 비밀의 언덕까지 가보는 거거든요. **정성은**

4부

세계와 관계에

대하여

이 사소하고도 거대한 사랑과 분노 앞에서

최은영

지옥의 한복판에서
끝없는 사랑의 힘을 바라보며

2013년 <작가세계> 신인상을 받으며 작품활동을 시작했다. 소설집 『쇼코의 미소』 『내게 무해한 사람』 『아주 희미한 빛으로도』, 장편소설 『밝은 밤』, 짧은 소설 『애쓰지 않아도』가 있다. 허균문학작가상, 김준성문학상, 구상문학상 젊은작가상, 이해조소설문학상, 한국일보문학상, 대산문학상, 제5회, 제8회, 제11회 젊은작가상을 수상했다.

안녕하세요, 책발전소북클럽 멤버 여러분. 처음 뵙겠습니다. 저는 소설 쓰는 최은영입니다. 제가 이번에 여러분께 추천드릴 책은 하재영 작가의 『아무도 미워하지 않는 개의 죽음』입니다. 이 책은 2018년에 출간되었는데요, 입소문으로 좋은 책이라는 것을 들어 알고는 있었지만 막상 읽으려니 두려워서 읽지 못하다 출간 후 한참이 지나고 나서야 제가 읽게 된 책이기도 합니다. 저는 이 책을 읽으면서 사흘 동안 울었습니다. 그러고서도 책이 남긴 여운 속에서 한참의 시간을 보냈습니다.

하재영 작가는 이 책에서 개 번식장, 경매장, 도살장, 보호소를 직접 찾아가서 그곳에서 일하는 사람들과 인터뷰합니다. 오로지 돈을 벌기 위해서 살아 있는 개의 고통 같은 것은 아랑곳하지 않는 사람들의 이야기를 읽으며 저는 "이것이 인간인가"라는 프리모 레비의 절망을 떠올렸습니다. 인간은 무엇을 상상하든 나쁜 의미로 그 이상을 보여줄 수 있는 존재들이라는 것, 얼마든지 약한 존재들에게 최악으로 잔인해질 수 있는 존재라는 것을 다시금 느꼈습니다. 동물권에 대한 법과 제도의 재정비는 그렇기에 필수적일 것입니다. 얼마 전, 개·고양이 식용을 금지하는 법을 제정하자는 시위가 곳곳에서 열렸지요. '개고기 먹는 건 한국인 문화야'라는 게으른 생각 속에서 어떤 지옥이 펼쳐지는지 하재영 작가는 고발하고 있습니다.

이 책은 동물, 그중에서도 개를 중심으로 한국 사회에서 어떤 일이 벌어지고 있는지를 보여주면서도 '인간이란 무엇인가'를 묻게 하는 책이기도 합니다. 자기 언어조차 없는, 인간의 의지에 따라서 생과 사가 결정되는 최약체를 대하는 인간의 모습에서 저는 지옥의 한복판을 보기도 하고 인간의 한계로 인해 불가능하다고 생각한 사랑의 힘을 보기도 했습니다. 저라는 사람은 그 끝과 끝을 알 수 없는 이 인간성의 스펙트럼에서 어디에 위치하고 있을지 생각해보기도 했습니다.

'왜 동물을 구하냐, 그럴 거면 사람을 구하라'는 질문에 이 책의 한 인터뷰이는 이렇게 말합니다. 사람이든 동물이든 누군가를 위해 자기 인생을 걸어본 사람은 그런 말을 하지 않는다고요. '얘를 구하지 말고 쟤를 구해라.' 그런 소리는 누구도 구해보지 않은 사람이 하는 말이라고요. 약자의 고통에 공감하고 함께하고자 하는 선한 사람들을 그 어느 때보다도 혐오하는 세상에서 아무도 알아주지 않고 오히려 비난

받는 일에 자신의 인생을 건 사람들의 이야기가 제 마음에 오래 남았습니다.

 인간은 애초에 이기적인 존재로 태어난다고 합니다. 타자의 고통에 공감하지 못하고 타자와 자신을 구별 짓고 분리시켜 자신을 보존하는 것은 본능에 속한다고요. 그런 인간이 누군가의 괴로움에 마음이 아프고 타자를 위해 자신을 희생할 때, 인간은 '자기'의 범위를 그만큼 넓힌 것이라고 합니다. 뜬장에서 죽을 날을 기다리는 번식견들, 경매장에서 박스째로 엮여 개소주 시장으로 가는 강아지들의 고통을 두 눈 뜨고는 바라볼 수 없는 사람들은 자아에 중독된 세태에서 벗어난 '넓은 자기'의 개념으로 사랑하는 존재들일 것입니다. 그리고 이 책은 저의 좁디좁은 마음의 문을 두드렸습니다.

 저는 진실을 대면하는 것을 어려워하는 사람입니다. 그 진실로 인해 상처받고 괴로운 마음을 느끼고 싶지 않아서일 겁니다. 저는 이 책을 한동안 읽지도 못할 정도로, 그 정도의 용기가 없을 정도로 비겁했습니다. 세상에는 수많은 책과 창작물들이 있습니다. 그리고 아주 소수의 책과 창작물들이 우리의 의식을 깨우고 그것을 접하기 전의 자신으로 돌아감 수 없게 합니다. 이 책은 그 소수의 저작물 중의 하나로 저에게 다가왔습니다. 저는 『아무도 미워하지 않는 개의 죽음』을 읽으며 이 책을 쓴 작가의 절실함을, 용기를 느꼈습니다. 꼭 이야기해야 해서 이야기하는 사람의 힘을 느꼈습니다. 나도 이렇게 용기를 내어 기꺼이 상처받을 수 있는 작가가 될 수 있을까. 글을 쓰는 저 자신의 태도에 대해 질문했습니다.

왜 개를 먹으면 안 되나요? 개고기는 한국의 문화 아닌가요? 자본주의 사회를 살면서 펫숍을 이용하는 건 당연한 거 아닌가요? 왜 품종견을 사고팔면 안 된다는 거죠?

이런 질문들로부터 더는 피하고 싶지 않을 때, 동물들에게 이토록 잔인한 한국 사회에 문제를 제기하고 싶을 때, 이 고통스러운 현실을 변화시키고 싶을 때, 우리는 슬프고 괴롭더라도 현실을 대면하고 우리의 언어를 찾아야 할 것입니다. 『아무도 미워하지 않는 개의 죽음』은 우리의 언어에 힘을 더해줄 책입니다.

그럼, 9월에 찾아뵙겠습니다.

2023년 9월

최은영 드림

아무도 미워하지 않는 개의 죽음

번식장에서 보호소까지,
버려진 개들에 대한 르포

하재영 지음
잠비, 2023

저는 이 책을 읽으면서 사흘 동안 울었습니다. 그러고서도 책이 남긴 여운 속에서 한참의 시간을 보냈습니다. _**최은영**

정보라

인류는 새로운 행성에서
살아갈 자격이 있을까

소설도 쓰고 러시아와 폴란드를 비롯한 동유럽권 문학작품들도 번역하고 데모도 열심히 한다. 『저주토끼』『한밤의 시간표』『지구 생물체는 항복하라』『아무튼, 데모』 등을 썼다. 어둡고 마술적인 이야기들, 불의하고 폭력적인 세상에 맞서 생존을 위해 싸우는 여자들의 이야기를 사랑한다.

책발전소북클럽 멤버 여러분 안녕하세요. 정보라입니다.

날씨가 덥죠? 올해는 더위가 빨리 왔다고 합니다. 봄에 벚꽃도 평균보다 한 달씩 빨리 피고, 그런데도 햇빛이 충분하지 않고 바람이 차가워서 한국의 대표적인 과일인 사과가 제대로 열매를 맺지 못한다고 합니다. 반면에 대표적인 사과의 고향이던 대구에서는 이제 바나나 같은 열대과일 재배를 시험한다고 해요.

기후변화 얘기가 사방에서 들리고, 이제는 피부로 느낄 수밖에 없는 시대가 와버렸습니다. 사실은 다 사람이 잘못한 탓이죠. 사람이 숲을 베고 산을 밀고 건물을 지으니까 나무와 그늘이 없어집니다. 에너지를 지나치게 사용하면서 또 화석연료를 찾아내기 위해 땅과 바다를 파헤치는 것부터 연료가 내뿜는 매연까지 모든 것이 환경을 오염시키죠. 기후가 변하면 곡식도 과일도 예전처럼 자라지 않습니다. 곡식과 과일 같은 식물이 자라지 않으면 곤충부터 동물들까지 굶을 수밖에 없어요. 그리고 동물들은 배가 고프면 먹을 것을 찾아서 이동합니다. 멧돼지들이 배가 고파서 사람이 사는 도시로 내려와 여러 가지 사고가 나고, 돼지열병 같은 병을 옮기기도 합니다.

 이러니까 식량 위기가 찾아옵니다. 동물들은 병에 걸려 죽고 식물은 아예 꽃도 피우지 않고 열매도 맺지 않으니까요. 그런데 밥 안 먹고 살 수는 없어요. 사람은 배가 고프면 멧돼지나 고라니처럼 조용히 다른 곳으로 이동하는 걸로 끝나지 않지요. 전쟁이 벌어집니다. 그런데 전쟁이 일어나서 폭탄이 떨어지고 총알이 날아다니면 살아 있던 꽃과 나무와 동물도 다 죽어요. 폐허에서는 식물이 자라지 않고 동물도 사람도 살아갈 수 없습니다. 그러니까 먹을 게 없어서 전쟁이 일어나면 전쟁 때문에 먹을 것도 에너지도 더욱 구하기 힘들어집니다. 악순환이죠.

 그래서 우리는 스스로 망해가고 있는 것 같습니다. 미국 재벌들은 화성으로 간다고 하죠. 러시아 우주국은 소련 시대에 시작했던 금성 개발 계획을 다시 진행한다고 합니다.
 인류는 새로운 행성으로 이주할 수 있을까요? 새로운 터전에 자리를 잡으려면 어떤 고비를 넘어야 할까요? 인류는 어떤 삶을 건설하게 될까요?
 그리고 가장 중요한 질문이 떠오릅니다. 인류는 이미 고향 행성을 다 망가뜨렸어요. 그래놓고 다른 행성으로 도망가겠다고요? 새 행성도 망가뜨리지 않는다는 보장이 없는데 말이죠.

인류는 새로운 행성에서 살아갈 자격이 있을까요?

『우리는 이 별을 떠나기로 했어』는 바로 이런 질문이 현실이 된 시대의 이야기들을 보여줍니다. 천선란의 「뿌리가 하늘로 자라는 나무」는 앞에서 말씀드렸던 환경위기 때문에 일어난 전쟁에 참가한 주인공의 경험을 이야기합니다. 기후위기는 나는 여기 사니까 안전하고 너는 거기 사니까 너만 망하는 게 아닙니다. 전 지구적인 현상이고 우리 모두가 맞서야 하는 위기입니다. 이런 위기 속에서 모든 것을 잃고 새로운 삶을 건설해야만 하는 환경 난민이 박해울 작품 「요람 행성」의 주인공입니다. 새로운 행성을 건설한다고 하면 굉장히 멋있게 들리지만 먹을 것도 없고 병원 시설을 돌리거나 의약품을 제조할 연료도 없어서 가족과 친구들이 죽고 혼자 살아남아 이를 악물고 버티는 것이 평범한 사람의 현실이라는 것을 작가는 무척 솔직하게 보여줍니다.

그런데 인간은 관계 맺는 생물입니다. 사람이 살기 위해서는 먹을 것과 옷과 살 곳만큼이나 마음을 기댈 친구, 동료, 가족이 필요합니다. 사람을 사람으로 만드는 가장 중요한 요소가 관계 맺기이기 때문에, 우주 어디를 가도 이 사실은 변하지 않습니다.

새로운 환경에 자리를 잡고 인류가 생존하려면 아이를 낳아서 키워야겠죠. 박문영의 「무주지」는 처음부터 다시 만들어야 하는 환경 속에서 새로운 세대의 양육을 이야기합니다. 그러면 전 지구적 위기 속에서 이미 늙고 아픈 세대는 어떻게 해야 할까요. 오정연의 「남십자자리」는 고령, 고위험군 세대에 대한 돌봄과 애착을 주제로 합니다. 그리고 새로운 우주로 나아가면 외계에서 지적 생명체를 만날 수도 있겠지요. 이루카의 「2번 출구에서 만나요」는 외계 생명체와의 관계 맺기를 다룹니다.

단편집의 장점은 여러 가지 관점, 다양한 소재와 주제를 한 번에 훑어볼 수 있다는 것입니다. 『우리는 이 별을 떠나기로 했어』는 지금 한국 SF를 이끄는 뛰어난 여성 작가들의 가장 깊은 인간성에 대한 통찰과 인간의 마음에 대한 이야기들을 담고 있습니다. 모든 훌륭한 SF가 그러하듯이 이 책도 인간성이란 무엇인가, 인간으로 존재한다는 것은 무엇인가, 이런 질문에 대한 기후환경적 성찰을 담고 있습니다. 그리고 이 단편집은 현재 자본주의와 기술만능주의가 우리가 인간으로서 존재하고 살아가야 하는 바탕을 얼마나 어떻게 파괴하고 있는지에 대한 통렬한 비판이기도 합니다.

2024년 6월

정보라 드림

우리는 이 별을 떠나기로 했어

천선란·박해울·박문영·오정연·이루카 소설
허블, 2021

가장 중요한 질문이 떠오릅니다. 인류는 이미 고향 행성을 다 망가뜨렸어요. 그래 놓고 다른 행성으로 도망가겠다고요? 새 행성도 망가뜨리지 않는다는 보장이 없는데 말이죠. 인류는 새로운 행성에서 살아갈 자격이 있을까요? _**정보라**

○ 요조

이 화가 나는
행운을

뮤지션, 작가. '책방무사'를 운영하고 있다. 발표한 음반으로는 1집 <Traveler>, 2집 <나의 쓸모>, 단편영화로 만든 ep앨범 <나는 아직도 당신이 궁금하여 자다가도 일어납니다> <우리는 선처럼 가만히 누워> <이름들> 등이 있다. 지은 책으로 『오늘도, 무사』 『눈이 아닌 것으로도 읽은 기분』 『아무튼, 떡볶이』 『실패를 사랑하는 직업』 『만지고 싶은 기분』 등이 있다.

행운의 편지

안녕하세요. 요조입니다. 만나 뵙게 되어 반갑습니다.

저는 주로 노래를 부르거나 글을 쓰고 또 책방에서 열심히 책을 파는 일을 하고 있습니다. 제가 하고 있는 이런 일 덕분에 책발전소의 이달의 큐레이터로 초대되는 연을 얻어 여러분과 뵐 수 있는 것일 텐데요. 그러나 무엇보다도 이 귀한 인연은 저에게 '책을 좋아하는 사람으로 사는 행운'이라는 것이 있었기 때문에 가능했다고 생각합니다. 햇수로 8년간 책방 주인으로 지내며 가장 크게 느끼는 점이 그것입니다. 책을 좋아한다는 것, 책을 읽는 일을 즐기며 살아간다는 것이 얼마나 행운인지. 저는 예전에 책을 읽는다는 것은 게으른 사람이 선택할 수 있는 쉬운 취미라고, 그래서 내가 독서를 즐기는 사람이 된 것 같다고 쓴 적이 있었습니다. 지금은 생각이 다릅니다. 이제 책을 즐겨 읽는다는 것은 결코 쉬운 취미가 아니며, 어느 정도 특별한 능력이라고까지 여겨집니다. 그게 아니라면 제 책방에 와서 '저도 책을 읽고 싶은데 잘 안 된다'며 푸념을 늘어놓는 사람이 그토록 많을 수는 없을 겁니다.

저와 같이 '책을 좋아하는 사람으로 사는 행운'을 누리고 계신 책발전소의 '능력자'분들께 저는 이 책을 함께 읽자고 권유하고자 합니다. 바로 마야 리 랑그바드의 『그 여자는 화가 난다』입니다. 이 책은 한국에서 태어난 사람이 한국을 향하여 쓴 책인데 한글이 아니라 덴마크어로 쓰여졌습니다. 저자인 마야 리 랑그바드는 1980년 한국에서 태어나 3개월 만에 덴마크로 입양된 입양인입니다. 저는 한국어로 이 책을 읽을 수 있어서 참 행운이라고 생각했습니다. 왜냐하면 이 책은 어렵게 한국에 당도했기 때문입니다. 덴마크어를 한국어로 번역해줄 전문 번역가를 찾는 것이 쉽지 않아 2014년에 덴마크에서 출간된 이 책은 8년 만에 한국어판으로 선보일 수 있었습니다. 그것을 너무나도 손쉽게 제가 읽을 수 있다는 것은 아무리 생각해도 행운입니다.

이 책의 표지에서는 '국가 간 입양에 관한 고백'이라는 부제를 확인할 수 있습니다. 그리고 그 고백은 다음과 같은 구절로 시작합니다.

여자는 자신이 수입품이었기에 화가 난다.
여자는 자신이 수출품이었기에 화가 난다.

저는 이 첫 문장을 읽을 수 있어서 행운이었다고 생각합니다. 국가 간 입양을 '부모가 없는 자식과 자식이 없는 부모를 연결시켜주는 인도주의적 제도'라고 막연히 생각했던 저는 수입품, 수출품이라는 단어를 통해 하나의 산업이라는 관점으로 바라볼 수 있었습니다. 그리고 그 사업을 통해 국가가 얻는 부와 득은 다시 고르고 옳은 복지로 사회에 재분배되고 있는가에 대한 의심으로 이어졌습니다.

입양을 단순히 '좋은 제도'라고 생각했던 저의 순진한 인식도 책을 읽으며 흔들거렸습니다. 왜냐하면 한국의 입양은 한국전쟁 이후 늘어난 전쟁고아 때문에 활성화되기 시작했기 때문입니다. 전쟁 이후 약 20만 명의 어린이가 외화벌이 수단이 되었습니다. 전쟁이 없었다면 일어나지 않았을 일입니다. 현재는 미혼모들의 아이들이 주 타깃이 되고 있습니다. 아빠 없이 자란 애는 문제가 있다, 미혼모는 문란하다, 같은 문제적 선입견이 현재까지도 한국의 국가 간 입양사업을 활발히 돕고 있을 것입니다. 책에 의하면 국제홀트아동복지회는 현재 국제적인 글로벌 기업이 되었습니다. 그리고 한국에서 시행하는 입양 사례의 수는 전 세계 사례의 반 이상을 차지합니다.

이 책은 '화가 난다'라는 리듬을 품은 아주 긴 시로 읽을 수도, 혹은 입양 당사자가 폭로하는 르포르타주로 읽을 수도, 혹은 작가가 다른 인터뷰에서 고백했듯 사실과 약간의 상상이 섞인 자전적 소설로 읽을 수도 있습니다. 아무렇게 읽을 수 있습니다.

입양인, 동양인, 여성, 레즈비언, 여러 겹의 약한 정체성을 입고 마야도 아무렇게 화를 냅니다.

한국에 화가 난다고 하고 덴마크에 화가 난다고 합니다.

친부모에게 화가 난다고 하고 양부모에게 화가 난다고 합니다.

하이힐을 신으라는 조언에 화가 나고 하이힐을 신은 여성에게 매력을 느끼는 자신에게 화가 난다고 합니다.

저는 제가 시를 읽다가 르포르타주를 읽는 것 같다가 소설을 읽는 것 같을 수 있어서,

그렇게 내가 몰랐던 세계에 가닿을 수 있어서,

거기서 이쪽으로 저쪽으로 아무렇게 화를 내는 소중한 존재를 알게 되어서,

이렇게나 앞뒤 안 맞는 분노가 이토록 정당할 수 있어서,

얼마나 행운이라고 생각했는지 모릅니다.

이 화가 나는 행운을 여러분과 함께 나누고 싶습니다.

2022년 10월

요조 드림

그 여자는 화가 난다
국가 간 입양에 관한 고백

마야 리 링그바드 지음, 손화수 옮김
난다, 2022

이렇게나 앞뒤 안 맞는 분노가 이토록 정당할 수 있어서, 얼마나 행운이라고 생각했는지 모릅니다. _요조

이
승
희

홀로 버티는 사람들의
삶과 한숨이 들려올 때

삶을 낙관적으로 바라보면 좋은 일이 생긴다고 믿으며 더 많은 사람들과 유쾌한 일을 도모하는 데 힘쓴다. 다양한 사람들과 재밌는 일을 도모하고 질문하는 것을 좋아한다. 일리노이치과, 우아한형제들, 네이버에서 마케터로 일했다. 단독 저서 『기록의 쓸모』『별게 다 영감』『질문 있는 사람』, 공저 『브랜드 마케터들의 이야기』『일놀놀일』 등을 썼다.

2년 전 가을, 친구 경진이 한 권의 책을 저에게 추천해주었습니다.

"숭이 읽으면 진짜 좋아할 거야."

저를 잘 알고 제가 믿고 의지하는 친구였기 때문에 묻지도 따지지도 않고 그길로 서점에 가서 책을 구입해서 읽었습니다. 경진이 추천한 책은 남형도 기자의 『제가 한번 해보았습니다, 남기자의 체헐리즘』이라는 제목의 책이었죠. '체헐리즘'은 체험과 저널리즘의 합성어이며 이 책은 '남기자의 체헐리즘'에 게재했던 기사를 묶은 것입니다. 이전에도 오며가며 서점 매대에서 봤던 것 같은데 먼저 손을 뻗지는 않았던 책이었는데, 친구의 추천으로 사보게 되었습니다. 하지만 친구가 왜 추천하였는지 알 수 있었습니다. 구매하자마자 앉은자리에서 다 읽어버린 이 책은 제가 매년 스스로 선정하는 <숭 올해의 책>으로 선정했었습니다.

2023년 1월, 책발전소 이달의 큐레이터로 선정되어 책을 추천해달라고 제안받았을 때 어떤 책으로 할까 굉장히 고민을 많이 했는데요, 결국 제가 가고자 하는 방향을 잡아주고, 많은 분들이 더 많이 읽어보셨으면 하는 책으로 고르게 되었습니다. 2년 전에 나온 책이었지만 책을 쓴 남형도 기자님의 체헐리즘은 현재까지도 이어지고 있으니까 현재 진행형인 책이라고 할 수 있습니다. (지금 이 글을 쓰고 있는 한 시간 전에도 '남기자의 체헐리즘'이 또 올라왔네요.)

**당신이 되고서 알게 된 것들을 하나하나 기록했다
작은 한숨까지 고스란히 전해지길 바라며**

단 하루라도 기꺼이 누군가가 되어본 적이 있으신가요?
또는 그럴 이유를 느껴본 적이 있으셨나요?

저는 이 책을 보고 많이 반성하고 부끄러웠던 기억이 납니다. 남형도 기자님은 홀로 버티는 사람들의 삶을 체험해보고 싶었다고 말합니다. 남자이지만 브래지어를 입어보기도 하고, 80세 노인의 하루를 살아보기도 하고, '애 없는 남자의 육아 체험'도 합니다. 심지어 시각장애인들의 '벚꽃' 시즌은 어떨지 느껴보기 위해, 눈을 가리고 벚꽃축제도 체험합니다. 우리 사회의 여러 문제를 직접 체험해보고 그 속에서 느낀 점들을 글로 기록하였습니다. 단순 체험기가 아니라, 그의 글엔 분명한 메시지가 담겨 있었습니다. 그걸 알기 때문에 더욱 더 그가 조명하는 주변의 기록을 그냥 무심코 지나칠 수 없었나봅니다. 스스로 안다고 자만했지만, 실제론 제가 몰랐던 삶의 다양한 면면들을 이 책을 통해 볼 수 있었습니다. 지나가던 길가의 쓰레기도, 매일 눌렀던 터치스크린도, 무심코 버렸던 종이박스까지도……

2022년 11월, 여전히 남형도 기자님은 '별점 1점짜리' 리뷰를 직접 가서 확인하며 가게 사장님들을 응원하기도 하고, 안 씻고 막 버린 '배달 용기'를 직접 만져보기도 하고, 20년 만에 '수능시험'을 보며 고생한 수험생들을 응원해줍니다. 멈추지 않고 그가 할 수 있는 일을 하며 말이죠.

'기자 한 명이 체험한다고 뭐가 바뀌겠어?'가 아니라, 저도 동참해야겠다는 생각이 듭니다. 제가 제일 잘할 수 있는 것은 확성기가 되어 좋은 것을 좋다고 크게 말할 수 있는 사람이니까요.

그래서 여러분께 이 책을 한번 더 이렇게 소개해봅니다. 2년 전, 우연히 읽게 된 이 책이 여러분들에겐 또 어떤 행동의 씨앗을 만들어줄지 기대됩니다. 저의 글과 기록도(이 레터까지도) 세상에 더 나아지는 힘을 만들어내기를 바라면서 이만 줄입니다.

2023년 1월
이승희 드림

제가 한번 해보았습니다, 남기자의 체헐리즘

남형도 지음
김영사, 2020

'기자 한 명이 체험한다고 뭐가 바뀌겠어?'가 아니라, 저도 동참해야겠다는 생각이 듭니다. 제가 제일 잘할 수 있는 것은 확성기가 되어 좋은 것을 좋다고 크게 말할 수 있는 사람이니까요. _이승희

◯ 장기하

피로는
또 별개의 문제

'눈뜨고 코베인'의 드러머로 음악활동을 시작했고, 2008년 결성한 '장기하와 얼굴들'을 십 년간 이끈 후 마무리했다. 첫 솔로 EP <공중부양>(2022) 이후 싱글 앨범과 단독공연을 통해 새로운 음악과 무대를 선보이고 있다. 산문집 『상관없는 거 아닌가?』를 썼고, 영화 <밀수>와 <베테랑2>의 음악감독을 맡는 등 다양한 분야에서 걸음을 이어가고 있다.

최근에 다시 읽었습니다. 처음 읽은 건 스무 살 무렵이었어요. 그때 읽으며 무슨 생각을 했는지는 거의 기억나지 않는데요, 적어도 아주 재밌게 읽지는 못했던 것 같습니다. 그런데 이번엔 정말 재밌더라고요. 문장 하나하나가 확확 와닿았어요. 아무래도 이십 년쯤 더 사는 동안 이런저런 경험이 쌓였기 때문이겠죠. 무릎을 '탁' 치면서도, '스무 살의 내가 공감하긴 역부족이었겠지'라고 생각했던 구절이 꽤 많았거든요. 그중 하나를 옮겨보겠습니다. 주인공 토마시가 또다른 주인공 테레자에게 사랑에 빠지는 과정을 자세히 묘사한 뒤 덧붙인 내용이에요.

> 당시 토마시는 은유란 위험한 어떤 것임을 몰랐다. 은유법으로 희롱을 하면 안 된다. 사랑은 단 하나의 은유에서도 생겨날 수 있다.
>
> _밀란 쿤데라, 『참을 수 없는 존재의 가벼움』 중에서

사랑을 시작하는 이들이 가장 많이 하는 말이 뭘까요? 어쩌면 "신기하다!"가 아닐까요? 너도 런던 좋아해? 신기하다! 너도 민트초코 좋아해? 신기하다! 너도 비 오는 날 좋아해? 신기하다! 너두 지하철보다 버스를 더 좋아해? 신기하

다! 너도 <비포 선라이즈> 좋아해? 신기하다! 너도 검정치마 좋아해? 신기하다! 너도 지난번 연애에서 너 자신을 자꾸 잃어버리는 것 같은 기분이 들었어? 신기하다! 너도 세상에 혼자밖에 없는 것처럼 느껴져서 며칠이고 방바닥에서 뒹굴거리며 핸드폰만 볼 때가 있어? 신기하다! 나는 교회를 다니는데도 너를 보고 있으면 마치 널 전생에서 만났던 것 같은 느낌이 들어. 신기하다! 지금 내 기분이 어떻냐 하면 마치 온 세상이 바다고 우리 둘이 난파된 배의 부스러기를 잡고 둥둥 떠 있는 것만 같아. 신기하다! 너도 <타이타닉> 좋아해? 신기하다!

 토마시는 잠든 테레자의 얼굴을 들여다보며, 그녀가 "바구니에 담겨 강물에 버려진 아기라는 생각"을 합니다. 모세를, 오이디푸스를 떠올립니다. 그러고는, 책에 쓰여 있진 않지만, 십중팔구 이렇게 생각했을 겁니다. 이렇게까지 아름다운 은유를 빚게 하는 여자라니? 신기하다!
 테레자 쪽에서도 여러모로 토마시를 신기하게 여길 만한 일은 많았고, 둘은 금세 사랑에 빠집니다. 그리고 왜 작가가 은유란 위험한 것이라고 했는지, 왜 은유법으로 희롱을 하면 안 된다고 했는지가 드러납니다. 둘은 얼마 안 있어 불행해지거든요. 물론 둘의 파란만장한 애정사를 불행이라는 두 글자로 요약하는 건 부당한 일이겠지만, 그렇다고 그런대로 행복했다고 요약하기에는 또 너무 불행합니다. 평생을 울고 불고 지지고 볶습니다. 다른 등장인물의 삶도 별반 다르지 않습니다. 괴로운 인생들입니다. 그런데 희한하게, 읽고 있으면 자꾸 웃깁니다. 제 성격에 좀 비뚤어진 면이 있는 이유도 없진 않겠지만, 그보다는 모든 내용이 철저히 제삼자의 시선에서 그려지기 때문인 듯합니다. "인생은 가까이서 보면 비극이고 멀리서 보면 희극"이라는 찰리 채플린의 명언이 이만큼 잘 표현된 소설을 저는 알지 못합니다.

좀 극단적이라고 할 만큼의 전지적 작가 시점입니다. 작가는 자신이 시적인 존재임을 전혀 숨기지 않고, 모든 등장인물의 생각과 상황을 아주 상세히 설명해줍니다. 그 결과, 이들의 삶이 한 사람 한 사람의 입장에서는 천근만근의 무거운 비극일지라도, 신 혹은 전지적 작가의 입장에서는 좌충우돌의 가벼운 코미디라는 게 드러납니다.

저는 몸과 마음이 매우 피로한 시기에 이 책을 읽었습니다. 솔로 음반을 발표하고, 전혀 해보지 않았던 형식의 장기공연을 하고(코로나에 걸려 공연이 중단되는 해프닝도 있었습니다),

생전 처음으로 한 영화의 음악감독을 맡아 작업을 했습니다. 인간관계에 있어서도 꽤 굵직한 몇몇 일들이 있었습니다. 그 모든 일이 한 시기에 겹쳐 그야말로 폭풍 같은 몇 달을 보냈습니다. 여러모로 분에 넘칠 만큼 좋은 성과가 있었지만, 피로는 또 별개의 문제입니다. 집에 가만히 누워 있어도 자꾸 이런 생각이 들더군요. 이게 가장 편한 자세인가? 더 누울 수는 없나? 그렇게 가만히 누워 휴대폰을 만지작거리다, 왜인지는 잊었지만, 갑자기 이 책의 제목을 떠올렸습니다. '참을 수 없는 존재의 가벼움'이라…… 그래, 지난 몇 달 동안 죽을 둥 살 둥 했던 날들도, 시간이 지나면 두둥실 떠오를 만큼 가볍게 느껴질지 몰라. 이 책을 읽자. 읽고 나면 더 편히 쉴 수 있을 거야. 예상은 어느 정도 적중했습니다.

작가는 니체를 인용하며 소설을 여는데요, 저도 니체의 글 중 좋아하는 게 하나 있어서 한번 적어봅니다. "결국 어느 누구도 책을 포함한 모든 사물로부터 자신이 이미 알고 있는 것보다 더 많은 것을 얻을 수는 없다."(니체, 『이 사람을 보라』 중에서) 흔히들 책을 읽고 나서 무언가를 '알게 되었다'거나 '새롭게 느끼게 되었다'고 말하지만, 실상은 이미 알고 있는 자신의 일부를 새 거울로 비춰보았을 뿐이다. 이 정도의 뜻으로 저는 그 문장을 이해하고 있습니다. 『참을 수 없는 존재의 가벼움』을 통해 저는 약간의 가벼움을 얻었지만 여러분도 그러리라는 보장은 없습니다. 이 편지는 어디까지나 책에다 지금의 저를 투영해 멋대로 느낀 바를 쓴 것일 뿐이니까요. 여러분의 성격이나 처한 상황에 따라서는, 도리어 무거움을 떠안고 책을 덮게 될지도 모르는 일입니다.

하지만 어느 쪽이든 아마 재미는 있을 겁니다. 책에 쓰여 있는 것처럼, "모든 모순 중에서 무거운 것-가벼운 것의 모순이 가장 신비롭고 가장 미묘하"니까요.

덥고 습하네요. 부디 오늘 하루 보송하게 보내시길 바랍니다.

2022년 8월
장기하 드림

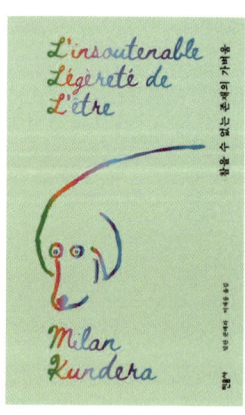

참을 수 없는 존재의 가벼움

밀란 쿤데라 소설, 이재룡 옮김
민음사, 2009

평생을 울고불고 지지고 볶습니다. 다른 등장인물의 삶도 별반 다르지 않습니다. 괴로운 인생들입니다. 그런데 희한하게, 읽고 있으면 자꾸 웃깁니다. _장기하

박나언

사랑의 레이어,
사랑의 딜레마

인플루언서. tvN <환승연애2> <환승연애: 또다른 시작>에 출연했다. 다독가라기보다는 애독가. 좋아하는 글을 읽고 나누는 것이 즐거워 유튜브와 인스타그램에서 다양한 콘텐츠를 공유하고 있다.

안녕하세요, 책발전소북클럽 멤버분들. 박나언입니다. 이렇게 특정되지 않은 여러분께 편지로 인사를 드리려고 하니 어색하기도 하지만 한편으로는 책을 사랑하는 공감대가 있다는 사실에 조금은 편안한 것 같기도 해요. 여러분의 11월, 겨울의 시작을 함께하는 책으로 어떤 이야기가 좋을까 생각해봤어요. 또 스스로를 돌아보기도 했습니다. '내가 좋아하는 건 뭐지?' 같은 사소한 물음부터 '내가 중요시하는 가치는 무엇일까?' '궁극적으로 내가 이루고 싶은 건?' 같은 막연한 물음까지 스스로에게 던져보았습니다. 결론부터 말하자면 모든 대답은 사랑으로 귀결되더군요. 그것이 어떠한 형태이든, 저에게는 사랑이라는 가치가 가장 중요한 것이고, 소중한 감정이더라고요. 그래서 사랑에 대한 책을 소개하기로 마음먹고 저의 조그만 책장을 쭉 훑어보았습니다. 마치 처음부터 정해져 있던 것처럼 『왜 나는 너를 사랑하는가』로 눈길이 갔습니다.

이 책은 사랑의 시작과 끝을 이야기하는, 어찌 보면 평범하고 진부한 연애소설이라고 할 수도 있겠습니다. 하지만 냉소적이고 이성적인 서술 방식 덕분에 뻔하기만 한 이야기처럼 느껴지지는 않더라고요.

저는 처음 이 책을 읽었을 때와 시간이 지나고 이 책을 읽었을 때, 아주 다른 책을 읽은 느낌이었습니다. 처음엔 사실 읽다 말았습니다. 재미가 없었거든요. 그렇지만 너무나 매력적인 질문이자 이 책의 제목인 '왜 나는 너를 사랑하는가'는 저를 다시 이 책의 페이지를 넘기게 만들었습니다. 사랑의 레이어가 쌓여갈수록 정말로 궁금했거든요. 왜 나는 누군가를 '사랑'하는지가요. 작가가 전개하는 낭만적 운명론부터 사랑의 교훈까지 따라가며 왜 나는 너를 사랑하는지 고민하다보면 여러분도 어느새 몰입하며 이 책을 읽고 계실 것 같습니다.

상대방에게 무엇 때문에 나를 사랑하게 되었느냐고 묻지 않은 것은 예의에 속한다. 개인적인 바람을 이야기하자면, 어떤 면 때문에 사랑받는 것이 아니라 나라는 사실 때문에 사랑받는 것이다. 속성이나 특질을 넘어선 존재론적 지위 때문에 사랑을 받는 것이다. 사랑 안에 들어가 있는 사람들은 부유함 속에서 사는 사람들처럼 애정/소유를 얻고 유지하는 수단에 대해서는 말하지 않는다는 금기를 지켜야 한다. 사랑에서건 돈에서건 오직 빈곤만이 체제에 의문을 품게 한다. 그래서 아마 연인들은 위대한 혁명가가 되지 못하는 것 같다.

_알랭 드 보통, 『왜 나는 너를 사랑하는가』 중에서

사랑의 딜레마를 차갑게 분석하고 있는 이 책은 독자의 경험과 맞닿을 때 매력이 극대화되는 것 같습니다. 가장 낭만적인 철학책이라고도 할 수 있겠네요. 어쩌면 현학적일 수도 있는 작가의 철학적 사유와 세련된 유머를 즐겨보시면 좋을 것 같습니다. 사랑은요, 어떤 형태이든 어떤 방식이든 완전하고 아름다운 것이라고 생각해요. 사랑과 함께 따뜻한 겨울 보내시기 바라며 이만 줄입니다.

2023년 11월

박나언 드림

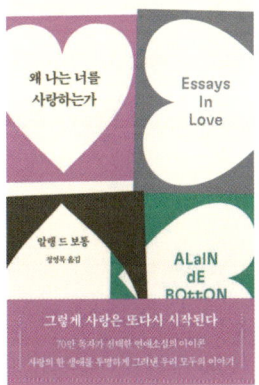

왜 나는 너를 사랑하는가

알랭 드 보통 소설, 정영목 옮김
청미래, 2022

너무나 매력적인 질문이자 이 책의 제목인 '왜 나는 너를 사랑하는가'는 저를 다시 이 책의 페이지를 넘기게 만들었습니다. 사랑의 레이어가 쌓여갈수록 정말로 궁금했거든요. 왜 나는 누군가를 '사랑'하는지가요. _박나언

김
신
지

오랫동안 나의 비밀인 줄 알았던
그 모든 수치와 배신과 슬픔은

'내가 쓴 시간이 곧 나'라는 생각으로 걷고 쓰고 마시는 사람. 작은 더위의 계절 소서에 태어나 초여름을 좋아한다. 지은 책으로 『제철 행복』『시간이 있었으면 좋겠다』『기록하기로 했습니다』『평일도 인생이니까』『좋아하는 걸 좋아하는 게 취미』 등이 있다. 계절에 발맞춰 걸으며 삶의 여백을 사랑하는 일에 대해 계속 쓰고 싶다.

안녕하세요, 책발전소북클럽 멤버 여러분. 에세이 쓰는 김신지입니다. 여름의 한가운데서 이 편지를 씁니다. 지금 제 작업실 창밖으로는 뒷산의 능선을 따라 짙은 녹음이 펼쳐져 있어요. 바람이 불면 키 큰 나무들이 일제히 흔들리는데 그 모습과 소리가 마치 숲에 이는 파도 같아서 종종 넋을 놓고 바라보곤 합니다. 장마철 빗소리가 멎은 자리를 매미 울음소리가 채우고, 잠자리 몇 마리가 하늘을 나는 저녁입니다. 여름의 끝자락에서 여러분은 이 편지를 받아볼 테지요. 어떤가요, 편지를 펼쳐든 지금, 어떤 풍경과 소리가 주변을 채우고 있나요. 당신이 있을 그 자리가 문득 궁금해집니다.

오로지 함께 읽고 싶다는 마음으로 고른 소설을 동봉합니다. 여름과 작별하며, 늦더위가 남아 있을 계절에, 마음 깊숙이서 아직 식지 않은 이 문장들을 같이 읽고 싶어요. 박연준 시인의 첫번째 소설이기도 한 이 작품 『여름과 루비』는 2020년 여름 <Axt>에 연재를 시작해 2022년 여름 단행본으로 묶여 나왔습니다. 몇 문장 읽지 않았을 때 알 수 있었어요. 속절없이 사랑에 빠지리란 것을요.

써야겠다고 생각하지만 아직 쓰지 못한 '그 장면'이 있다.

나는 그걸 '찢어진 페이지'라고 부른다. 누구나 인생에서 찢어진 페이지 몇 장은 가지고 있다. 그렇지 않은가? 그런 건 쉽게 쓸 수 없다. 시간이 걸린다. 쓸 수 없는 이유는 내가 '그 장면'으로부터 상처받았기 때문이다. '그 장면'에 전염되어, 나 스스로가 '그 장면'이 되었기 때문이다.

_박연준, 〈보스토크 매거진〉 26호

언젠가 시인이 이렇게 쓴 것을 발견했을 때, 페이지를 찢어서 가졌던 기억이 납니다. 찢어진 페이지를 말하는 페이지를 찢어서 가지면서, (나는 못 하지만) 시인이 '찢어진 페이지'를 끝끝내 글로 써주길 바라는 마음이 들더군요. 그 욕심에 괜스레 미안해지던 것도 기억합니다. 그리고 이 소설이 나온 거예요. 작가 스스로 "삶의 '찢어진 페이지'를 복원하기 위해" 썼다고 말하는. 그런데 어쩐 일일까요. '그의' 찢어진 페이지에 계속해서 '나의' 찢어진 페이지가 겹쳐 보였던 것은요. 어쩌면 우리들의 유년은 다른 듯 닮아 있는 걸까요. 오랫동안 나의 비밀인 줄 알았던 그 모든 수치와 배신과 슬픔이 어쩌면 우리의 것이었을까요.

당신은 그러지 않았느냐고 묻고 싶어 이 편지를 씁니다.

잠든 줄 알고 어른들이 조심성 없이 나누던 얘기의 태반을 듣고 자라지 않았냐고. 사랑받고 싶어 애쓸수록 밉상이 되는 일이 가혹하게 느껴진 적은 없었냐고. 너무 사랑하거나 너무 미워해서 울렁거리던 마음. 아무리 울어도 막을 수 없는 일 앞에서 처음으로 무력감을 느꼈던 순간. 비릿하거나 섬뜩하거나 보드랍거나 반짝였던 생의 모든 '첫 순간'들. 이 소설은 우리를 그때로 데려갑니다.

  책을 읽기 전 하나만 청하고 싶습니다. 모쪼록 이 책은 함부로 아껴주세요. 잊고 살던 이름이, 또 장면이 문득 떠오르거든 귀퉁이에 적어도 보고 어떤 단어엔 동그라미도 치면서요. 내 마음 같은 문장엔 밑줄을 깊게 긋다가 그걸로 부족할 때면 페이지를 큼지막하게 접어보세요. 지금의 마음을 접어두듯이. 어떤 책은 눈으로만 보는 게 아니라 그렇게 온몸으로 읽어야 하니까요. 이 소설을 통과한 여러분의 시간이 종이 위에 어떤 흔적으로든 남길 바랍니다.

  다시 들춰보니 저는 이런 것들을 적어놓았네요. 개망초. 방울이. 책받침. 천장의 쥐들. 앵두나무. 얌체공. 구름사다리에서 떨어진 날…… 소꿉놀이를 할 때면 개망초꽃을 손톱으로 톡 꺾어다가 '계란프라이'라며 돌멩이 위에 올려놓곤 했습니다. 같이 놀던 옆집 형제 중 누구를 좋아할지 오래 고민했는데, 그 집 아저씨는 절친했던 아빠를 배신하고 야반도주했던 기억도. 아무나 좋아해서는 안 된다는 것과 보증은 절대 서면 안 된다는 것을 배웠습니다. 시골은 아름답고 끔찍한 곳이었습니다. 들판 위로 번지는 붉은 노을에 마음을 온통 빼앗기는 저녁이 있는가 하면, 간밤의 노을처럼 멍든 얼굴을 숨기려 고개를 돌리는 아주머니들을 마주치던 곳. 때가 탄 소매를 감추려 주먹을 자꾸 말아쥐던 내게 처음으로 글을 써보라고 말해준 선생님이 있는가 하면, 이제 막 몽우리가 생긴 가슴을 함부로 만지던 선생들도 있었습니다. 소나기 뒤에 웃자라는 풀처럼 아무렇게나 흩어져 있던 폭력과 무관심과 애정과 미움 속에서 자랐단 것을 이 책을 읽으며 기억했습니다. 맞아, 그랬지. 그런 일도 있었어. 내가 곧 루비였어. 내가 곧 여름이었어.

사람들이 착각하는 게 있다. 유년이 시절이라는 것. 유년은 '시절時節'이 아니다. 어느 곳에서 멈추거나 끝나지 않는다. 돌아온다. 지나갔다고 생각하는 순간, 다 컸다고 착각하는 틈을 비집고 돌아와 현재를 헤집어놓는다. 사랑에, 이별에,

지속되는 모든 생활에, 지리멸렬과 환멸로 치환되는 그 모든 숨에 유년이 박혀 있다.

유년은 지나간 시절이 아니라 지금의 우리를 이룬 조각이자 전부인지도요. 당신은 어떤 소꿉놀이를 했는지, 텅 빈 운동장을 전력 질주할 만큼 미워하고 사랑한 최초의 타인은 누구였는지, 무엇을 지켰고 무엇을 끝내 지키지 못했는지, 그 후회에 얼마나 오래 마음을 썼는지, 돌이킬 수 없는 어떤 상처들로 지금의 모양이 되었는지 이야기해주세요. 그럼 제가 소설의 입을 빌려 답하겠습니다. 그러나 그 어떤 사건도 우리의 인생을 '미리 결정해버리는' 유일한 근원사건이 아니었다고요.. 나마의 방식으로 삶을 이해하게 되는 고유한 조건들 중 하나였을 뿐. 제 무늬는 이런 모습입니다. 당신의 무늬도 아름답군요.

이 소설을 읽는 시간은 어린 내 곁에 서는 시간입니다. 그거면 돼요. 오래전, 여름이자 루비였던 그 아이 곁에 잠시 서 있다가 오기로 해요. 막 시작된 생 앞에 피로하고 겁먹은 얼굴을 하고 있었던 그 시절의 나를, 그 여린 얼굴을, 한 번도 제대로 들여다봐주지 못했잖아요. 이별의 언덕에 우두커니

홀로 서 있는 그 아이 곁에. 가만히. 서서. 해가 지기 전에 집으로 돌아가라고 어깨를 쓸어주기로 해요.

'유년'이라는 벗을 수 없는 옷을 입은 채 커버린 사람 곁에 서 있고 싶다.

훌쩍 커버린 당신 곁에는 제가 서 있겠습니다. 곧 만나요.

2024년 9월

김신지 드림

여름과 루비
박연준 소설
은행나무, 2022

비릿하거나 섬뜩하거나 보드랍거나 반짝였던 생의 모든 '첫 순간'들. 이 소설은 우리를 그때로 데려갑니다. _김신지

황선우

소요하는 이야기들,
그리고 책의 희망

에디터, 인터뷰어, 팟캐스터. 김하나 작가와 함께 『여자 둘이 살고 있습니다』 『퀸즐랜드 자매로드』를 썼으며 팟캐스트 <여둘톡: 여자 둘이 토크하고 있습니다>를 제작 진행한다. 지은 책으로 『사랑한다고 말할 용기』 『멋있으면 다 언니』 『최선을 다하면 죽는다』(공저) 등이 있다. 일하지 않는 시간에는 생활체육인이자 아마추어 음악인으로 산다.

리베카 솔닛이 『남자들은 자꾸 나를 가르치려 든다』를 통해 '맨스플레인'이라는 개념어를 널리 퍼뜨리며 많은 여성들의 소화불량을 해소시킨 것도 맞지만, 그 업적으로만 요약되지 않기를 바랍니다. 책발전소북클럽 멤버들께 그가 어떤 에세이스트인지 소개하자면 저는 먼저 '동시대적인'이라는 형용사를 고르겠습니다. 솔닛의 관심 주제는 기후위기와 반핵, 인권과 노동권, 페미니즘과 젠더 이슈같이 현재적이고 첨예한 문제를 두루 아우릅니다. 그는 도널드 트럼프가 미국 대통령으로 재선되던 날 우리가 SNS에서 실시간으로 한탄과 위로를 공유할 수 있는 부류의 작가입니다. 한편 글의 스타일에 대해서는 '소요逍遙하는'이라는 단어를 가져오고 싶네요. 솔닛은 종종 자신의 경험과 취재, 역사와 문화, 미술작품 등을 글의 재료 삼아서 온통 뒤섞거든요. 목적지를 향해 재빠르고 힘차게 달려나가는 질주라기보다는 일부러 그러는 것처럼 둘러가면서 자꾸만 샛길로 빠지는 글쓰기랄까요. 영어로는 Meandering(구부러진 길이나 곡류, 정처 없이 거닐기, 두서없이 이야기하는)이라고도 표현되는 그의 글을 누군가는 산만하다고 하지만, 저는 그렇게 자꾸 딴소리의 갈래를 치고 점프도 하면서 갈지자로 나아가는 궤적을 꽤 좋아합니다. 그 불균질한 발걸음이 만들어내는 궤적을 돌아보는 것이 에세이의 미덕이자 재미이기도 하니까요.

『멀고도 가까운』은 솔닛의 저작들 중에서도 산만하기로는 최고봉입니다. 그럼에도 북클럽 멤버 여러분과 같이 리베카 솔닛을 읽고 싶다고 떠올리고 나서 이 책을 꼽은 이유가 뭘까, 곰곰 생각해봅니다. 이 책의 표면적인 줄거리를 요약하자면 알츠하이머에 걸린 엄마와 평생 사이가 좋은 적 없었던 딸이 천천히 작별하는 이야기입니다. 그리고 요양원에 모시면서 비게 된 어머니의 집에서 따온 살구가, 무려 45kg이나 있습니다. 솔닛에게는 서서히 익어가며 또 상해가는 살구를 더미에서 골라내고, 썩기 전에 조리해서 주변에 나눠야 한다는 초조한 미션이 생깁니다. 마룻바닥에 도사리고 있는 살구 더미는 일종의 시한폭탄입니다. 죽어가는 어머니와 못다 한 이야기를 나눌 시간이 줄어드는 것의 상징처럼 보이죠. 사실 어머니와 대화를 나누는 건 이제 불가능합니다. 치매에 걸린 어머니는 솔닛의 비유에 따르자면 '뜯어지는 책'입니다. 온전할 때 어머니를 채우고 있던 페이지들에는 딸에 대한 애착과 질투, 보상심리와 자기혐오가 복잡하게 뒤섞여 있지만 이제는 그마저도 희미해지는 중입니다.

"당신의 이야기는 무엇인가?" 리베카 솔닛은 반복해서 묻습니다. 어떤 이야기를 가진다는 건 삶에 일어나는 여러 사건들 가운데 무엇을 의미 있다고 여길지 선택하고 해석하는 과정이며, 그 안에서 타인과의 관계가 정의되고 때로는 왜곡되기도 합니다. 이야기는 인간이 자아를 구성하고 타인을 이해하는 방식입니다. 너무 가까운 거리에 있어서 서로 상처를 입히는 모녀의 이야기는 많습니다. 하지만 이 책은 그 이야기를 가장 멀리까지 에두르는 경로로 전하는 글입니다. 그렇게밖에 할 수 없는 사람의 이야기입니다.

> 우리는 모두 이미지와 이야기의 세계에 살고 있고, 대부분은 이런저런 이야기에 상처를 입으며 살아간다. 운이 좋으면, 우리를 받아주고 축복해주는 다른 이야기를 찾거나 더 나은 이야기를 만들어간다.

솔닛에 따르면 어머니는, 자신이 사로잡힌 이야기에 상처받는 사람입니다. 사회와 종교, 남편이 정해둔 이상적인 여성상에 맞지 않는 스스로를 괴롭히면서 딸과도 편안한 관계를 맺지 못했던 거죠. 그 딸은 '다른 이야기를 찾아서 읽고, 더 나은 이야기를 만들어 쓰는' 사람으로 자라납니다. 어머니나 가족이 아닌, 다른 공간에서야 비로소 자기 자신으로 온전히 받아들여지는 경험을 하게 되는 아이들이 있죠. 가족들에게는 과묵한 그 아이들은 다른 방식으로 자신의 언어를 찾아갑니다. 솔닛에게 그 애착과 소속의 장소는 도서관입니다. 이 책의 4장 '비행'에서 『나니아 연대기』 시리즈의 숲에 대한 묘사를 빌려와 도서관과 책에 대해 쓴 부분은 특히 아름답습니다.

도서관은 세상으로 가득찬 은하수다.
책은 다른 이의 몸 안에서만 박동하는 심장이다.

『멀고도 가까운』은 이처럼 책의 희망에 대한 책이기도 합니다. 읽고 쓰는 사람으로서 우리가 어떻게 세상에 흩어져 있는 이야기들을 자기 자신과 연결하고 발명해내며, 타인의 고통에 감정이입하는 능력을 통해 자아가 확장되는가를 탐구합니다.

정신적 자아의 한계는 더도 덜도 말고, 딱 사랑의 한계다. 그러니까 사랑은 확장된다는 이야기다. 사랑은 끊임없이 뭔가를 덧붙여가고, 가장 궁극적인 사랑은 모든 경계를 지워버린다.

이 책에는 모녀 관계에 대한 서사의 줄기 바깥으로 작가가 아이슬란드에서 초청을 받아 체류하던 시기의 여행담과 거기서 들은 극지방 이야기들이 모여 있는데, 유기적으로 연결된다기보다 차갑고 희고 머나먼 어떤 이미지를 겹겹이 포개놓는 쪽에 가깝습니다. 마치 하나의 주제를 가지고 다채롭게 변형하는 재즈의 즉흥 연주를 듣는 것 같기도 합니다. 『천일야화』에서 밤마다 이야기를 계속하면서 목숨을 연장하던 셰에라자드처럼, 솔닛은 이야기를 쉬지 않으면 어머니의 죽음을 유예할 수 있다고 믿는 것처럼 보입니다. 『멀고도 가까운』은 단숨에 읽어내기 쉬운 책은 아니지만 겨울마다 펼쳐보면서 매번 새로운 문장에서 머무르게 됩니다. 아이슬란드의 신비로운 풍경, 백야, 차가운 눈과 빙하의 이미지를 떠올리면서 말이죠.

반구형으로 배치된 목차의 디자인이 사려 깊게 보여주듯이 이 책의 얼개는 대칭으로 생겨 있습니다. 1장과 마지막 13장의 제목이 동일한 '살구', 2장과 12장이 '거울', 3장과 11장은 '얼음'…… 이런 식이죠. 가운데에는 7장 '매듭'이 있고 그 앞뒤로는 6장 '감다'와 8장 '풀다'가 위치합니다. 단번에 책을 읽어내기 어렵게 느껴지신다면 1장부터 4장까지를 읽은 다음 맨 뒤로 가서 초반과 대칭을 이루는 12장 거울,

13장 살구를 읽으셔도 좋겠습니다. 그런 뒤에 천천히 글과 글 사이를 소요해보세요. 어머니 집의 살구로 시작해서 아주 멀리까지 나아갔다가 다시 살구로 돌아오는 이 책은 바흐의 골드베르크 변주곡을 떠올리게도 합니다. 첫 곡 '아리아'로 시작했다가 다양한 베리에이션을 거친 뒤 처음과 같은 '아리아 다 카포'로 돌아오는 구성이죠. 우리가 깊은 숲의 중심으로 들어갔다가 다시 나올 때 보게 되는 풍경은 처음과 같지 않을 것입니다. 솔닛은 이렇게 씁니다.

> 아직 아무것도 적지 않은 종이의 흰색과 무언가를 썼다 지운 후의 흰색은 같으면서 같지 않다. 말을 하기 전의 침묵과 말을 한 후의 침묵도 같은 침묵이면서 같은 침묵이 아니다.

책을 소개하면서 너무 많은 부분을 인용하게 되네요. 여러분은 각자 읽으면서 자신만의 밑줄을 그으시기 바랍니다. 제가 이 책을 고른 이유로 다시 돌아오자면, 아마 이 문장일 것 같습니다.

> 글쓰기는 누구에게도 할 수 없는 말을 아무에게도 하지 않으면서 동시에 모두에게 하는 행위이다.

2025년 1월

황선우 드림

멀고도 가까운
읽기, 쓰기, 고독, 연대에 관하여

리베카 솔닛 지음, 김현우 옮김
반비, 2016

너무 가까운 거리에 있어서 서로 상처를 입히는 모녀의 이야기는 많습니다. 하지만 이 책은 그 이야기를 가장 멀리까지 에두르는 경로로 전하는 글입니다. 그렇게밖에 할 수 없는 사람의 이야기입니다. _황선우

강윤정

구멍
돌아보기

문학동네에서 편집자로 일하며 국내소설과 산문집, 문학동네시인선을 만들었다. 한강 작가의 『디 에센셜 한강』, 김영하 작가의 『오직 두 사람』, 배수아 작가의 『뱀과 물』, 박준 시인의 『당신의 이름을 지어다가 며칠은 먹었다』 등을 편집했다. 2019년 유튜브 채널 '편집자K'를 열었다. 원고에서 책이 되기까지의 과정과 그 과정을 함께하는 사람들의 이야기를 영상으로 담고 있다. 『우리는 나란히 앉아서 각자의 책을 읽는다』(공저) 『문학책 만드는 법』을 썼다.

안녕하세요, 책발전소북클럽 멤버분들, 주중에는 출판사 문학동네에서 문학책을 편집하고, 주말에는 책과 관련된 영상을 만들어 유튜브 채널 <편집자K>에 올리고 있는, 편집자 강윤정입니다. 만나서 반갑습니다.

제가 이번에 고른 책은 미국의 소설가 앤드루 포터가 2008년에 펴낸 첫 소설집 『빛과 물질에 관한 이론』입니다. 작가는 데뷔작인 이 책으로 단편소설 부문 플래너리 오코너상을 수상했고, '단편소설의 진정한 마스터'라는 찬사를 받기도 했습니다. 무명작가에서 주목받는 젊은 작가로 급부상한 거죠.

한국에서는 2011년에 번역 출간되었습니다. 출간 당시에는 독자들의 눈에 띄지 않아 판매도 잘되지 않았고 결국 계약 기간 만료 후 절판되고 말았는데요, 2019년, 출판사를 바꾸어 새로운 옷을 입고 재출간되었어요. 좋은 책들이 재출간되는 일은 종종 있습니다만, 이 책의 경우 '작가들이 사랑하는 책'이었다는 점이 주효했습니다. 팟캐스트 <김영하의 책 읽는 시간>에 이 책의 표제작이 소개된 이후 단편을 쓰는 한국의 많은 작가들이 교본 삼았던 책이거든요. 숨은 보석 같은 이 책을 오랫동안 반복해 읽은 독자들의 지지가 더해져 다시금 빛을 볼 수 있게 되었습니다.

여러분께서 받으신 책의 뒤표지에는 백수린 작가님 추천사가 실려 있을 텐데요, "앞으로 나는 도대체 무얼 쓸 수 있을까. 이 한 권의 소설집 안에 내가 쓰고 싶은 이야기들이 이미 다 들어 있는데"라는 문장에 아마 기대감이 좀더 커지시지 않았을까 짐작해봅니다. 책을 고른 가이드로서 세 가지 키워드를 통해 제 생각을 조금 나누어볼까 합니다.

1. 구멍

소설집의 첫 작품은 아주 중요한 의미를 갖습니다. 저도 국내 작가들의 소설집을 많이 만들어왔습니다만, 어떤 작품을 첫번째 자리에 둘지 늘 신중히 고민합니다. 작가의 소설 세계를 잘 드러내면서도 인상적이어서 두번째 작품도 바로 이어서 읽고 싶게 만들 만한 작품을 골라야 하죠. 독자분들이 책의 앞부분만을 읽고 덮는 경우도 많기 때문입니다. 첫인상이 좋은 사람과 좀더 이야기를 나눠보고 싶어지는 것과 비슷할 거예요.

이 책을 처음 읽었을 때 첫 작품 「구멍」에서는 사실 큰 감동을 느끼진 못했습니다. 다만 묘한 분위기에 휩싸였던 것은 기억납니다. 조금도 고민하지 않고 다음 작품을 읽었고, 그다음, 또 그다음 작품을 연이어 읽어나갔습니다. 완독 후 다시 첫 작품을 폈을 때의 느낌은 애초 느낀 것과 사뭇 달라져 있었어요. 여러분도 모쪼록 작품집을 다 읽으신 후 첫 단편을 한번 더 읽어봐주시면 좋겠습니다.

앤드루 포터는 우리 인생의 크고 작은 구멍들을 섬세히 관찰하고 우아하면서도 지적인 문장들로 그려냅니다. 언뜻 평범하고 고요한 듯 보이는 일상을 흔드는 일이 생기고, 그 일은 한 사람 혹은 두 연인 혹은 서너 명의 가족 혹은 작은 마을에 돌이킬 수 없는 흔적을 남기죠. 한번 새긴 구멍을, 포터의 인물들은 계속해서 되새깁니다. "나이가 들수록, 경험하고 하루이틀 지난 일보다 수년 전에 있었던 일을 더 생생하게 기억하게 된다"는 감각은 사실 우리에게도 낯설지 않죠. 우리에게도 각자가 비밀스럽게, 어쩌면 집착적으로 돌이켜보고 있을 구멍들이 있을 테니까요. 어떤 논리로도 명쾌하게 설명할 수 없을, 하지만 명백히 존재하는 구멍들.

2. 시차

'구멍 돌아보기'는 시간을 필요로 합니다. 이 책에 실린 거의 모든 작품은 어떤 일이 있고 제법 시간이 흐르고 난 뒤의 시점에서 그려지는데요, 어느 날 문득 과거의 그 구멍이 떠오른 것이 아니라 살아온 시간 내내 생각해온 일이라는 것을 쉽게 알 수 있습니다. "십이 년 전 여름" "그 일이 있었을 때"(「구멍」), "이십 년이나 흘렀으므로"(「코요테」), "내 형에게 일어났던 그 모든 일은 이제 지나갔고, 이제 나는"(「강가의 개」), "우리가 열여섯 살이던 그해 봄" "십 년도 더 전인 1992년의 일"(「외출」) 등등 여느 소설집과 비교해도 '시차'가 강렬하게 느껴지는 작품들이 다수 실려 있습니다.

어떤 '구멍'이 "우리 삶에 남긴 빈 공간"은 시간이 흐른다고 다 알 수 없겠죠. 다만 나이를 먹고, 새로운 관계가 생기고, 어쩌면 또다른 구멍을 마주하기도 하면서 등뒤에 남겨둔 구멍들을 조금 다르게 바라보거나 조금 더 납득하고 받아들이게 될 수는 있을 것입니다.

여기 이 인물들은 선형적으로 흐르는 우리의 인생, 삶은 단 한 번뿐이며 시간은 절대 돌이킬 수 없다는 가혹한 전제조건 위에서 때론 혼잣말하듯 때론 고백하듯 이야기합니다. 그들의 목소리에 은은하게 배어 있는 죄책감과 쓸쓸함이 삶의 슬프고도 아름다운 순간들을 비춥니다. 인생은 이토록 알 수 없는 일투성이라는 것을 모르지 않는 우리로서는, 묵묵히 먹먹히 따라 읽어갈 수밖에요. '그때 만약 ~했더라면'의 시차가 주는 아득함을 함께 누려주세요.

3. 빛과 물질에 관한 이론

 문학책 같지 않은 책제목이지요? 서점 직원이 찬찬히 살피지 않으면 과학 이론서 코너에 꽂혀 있을지 모를 제목입니다. 언젠가 김영하 작가님의 『굴비낚시』가 낚시책 코너에 꽂혀 있었다는 웃지 못할 일화처럼요(『굴비낚시』는 영화 에세이입니다). 표제작을 읽어보면 '빛과 물질에 관한 이론'이란 결국 '나'가 공부했던-포기했던-다시 시작했던 '물리학'을 풀어 쓴 것이 아닌가 싶기도 합니다. '빛'은 '로버트'이고 '물질'은 '콜린'인가 할 수도 있지요. '빛'은 '내면의 목소리'이고 '물질'은 '체념하듯 삶을 받아들이는 태도'일지도 모르겠습니다. 여러분이 이 작품을 읽고 나서 책제목을 다시 생각해보았을 때, 마음속에 어떤 상념이 오갈지 너무나 궁금합니다. 가능하다면 웨비나 토크 시간에 혹은 SNS를 통해서, 여러분의 생각을 저에게 들려주시면 좋겠습니다. 그렇다면 저에게 이 책은 또다른 의미를 갖게 되겠지요. 각자의 자리에서 조용히 책장을 넘기는 행위만으로 이렇듯 공통의 기억이 생긴다는 게 저에게는 여전히 놀랍게 느껴집니다.

 『빛과 물질에 관한 이론』에 실린 작품들에서 제가 공통적으로 느낀 또하나의 아름다움은 바로 결말의 여운입니다.

'엔딩 요정'이라는 별명을 붙여드리고 싶을 정도인데요, 말끔히 해소되지 않은 질문들, 오히려 더 알 수 없게 되어버린 이 인물들의 운명이 외려 그 자체로 삶에 대한 은유로 읽힙니다. 작품이 끝난 '그후'를 독자가 나름의 방식으로 생각해보게 하는 편편의 마지막 대목들, 그 '다 알 수 없음' 속에서 자유롭게 유영하시길 바라며, 저는 그럼 책이 있는 또다른 좋은 자리에서 다시 인사드리겠습니다.

몸과 마음의 건강을 두루 챙기시길 바라며,
감사합니다.

2024년 2월
편집자K(강윤정) 드림

빛과 물질에 관한 이론

앤드루 포터 소설, 김이선 옮김
문학동네, 2019

인생은 이토록 알 수 없는 일투성이라는 것을 모르지 않는 우리로서는, 묵묵히 먹먹히 따라 읽어갈 수밖에요. '그때 만약 ~했더라면'의 시차가 주는 아득함을 함께 누려주세요. _강윤정

오상진

결국 우리는
옳은 길을 찾을 것이다

MBC 아나운서로 활동하다가 지금은 프리랜서로 다양한 일들을 하고 있다. 방송일 외에도 아내와 함께 서점 '책발전소'를 운영하는 그는 딸을 위해 책을 읽어주며 자연스럽게 그림책의 매력에 빠지게 되었다. 아빠의 마음으로 『아빠 해마 이야기』를 번역했으며, 그 밖에 『와일드 심포니』를 우리말로 옮겼다. 에세이 『당신과 함께라면 말이야』를 썼다.

1. 여러분에게 '자유'란 어떤 의미인가요?

사실 이 글을 쓰기 전(내일이 마감입니다), 침대에 누워 있는 제게 아내가 물었습니다.

"오빠, 글 안 쓰고 **자유**?"

썰렁했죠? 죄송합니다. 전 자유라고 하면 영화 <쇼생크 탈출>의 주인공 앤디 듀프레인의 탈출 신이 가장 먼저 떠오릅니다. 비를 맞으며 두 팔을 벌려 하늘을 바라보는 그의 표정은 자유 그 자체를 보여주죠. 긴 시간 동안 억울한 옥살이를 했던 앤디. 그는 조금씩 땅굴을 파서 교도소의 담장 아래를 뚫고 나옵니다. 살인죄의 누명을 뒤집어쓴 그는 결국 교도소장의 부패를 도와주며 조금씩 시설 내의 자유를 쟁취했습니다. 음악도 들을 수 있었고, 물건을 구입할 수도 있었죠. 그렇게 입수한 아주 작은 조각칼은 그에게 세상으로 나갈 수 있는 도구가 되었습니다.

우리는 자유가 없이는 살 수 없습니다. 각자의 의지와 행동이 제한되지 않고 살아갈 권리는 소중합니다. 오늘 무엇을 먹을지, 장차 무엇을 할지 선택할 수 있는 상태와 능력인 자유는 누구에게나 주어져야 할 천부의 인권입니다.

하지만 그것은 무조건적일 수는 없습니다. '늑대의 자유는 양에겐 죽음을 의미한다'라는 영국의 철학자 이사야 벌린의 유명한 말로 설명될 수 있을 것입니다. 결국 존 스튜어트 밀의 역설대로 자유라는 고귀한 천부의 인권조차 타인에게 피해를 주지 않는 만큼 주어져야 할 필요가 있습니다.

영화 <범죄도시>가 기록적인 흥행을 기록하고 있던 어느 날 한 친구가 저에게 "난 그 영화가 너무 불편해, 수천만이 넘는 이들이 그 메시지에 공감한다는 것은 꽤나 위험한 일이야"라는 뚱딴지같은 이야기를 건넵니다.

여러분도 다들 보셨을 영화 <범죄도시>. 동정조차 할 필요 없는 빌런과 그의 일당들을 때려잡는 과정을 아주 통쾌하게 그려낸 수작이지요. 개인적으로 저도 시리즈의 팬입니다. 우리의 마블리는 언제나 정의를 쟁취합니다. 무엇보다도 타격감 넘치는 액션이 매력이지요. 날이 갈수록 범죄가 기승을 부리는 힘든 세상을 살아가는 우리의 답답한 가슴을 아주 뻥 뚫어주는 영화입니다.

하지만 제 친구는 누적 관객이 4천만이 넘어가는 이 영화를 왜 불편하다 느꼈을까요?

여러분은 <범죄도시>의 주제 의식이 뭐라고 생각하시나요? 제 친구는 그걸 '악인은 맞아도 돼'라고 정리합니다. 장첸도 강해상도 주성철도 매 영화마다 아주 지독한 악인으로 영화의 시작부터 극악무도한 범죄자로 등장합니다. 폭력, 협박, 살인 등등을 저지르는 그들은 1초도 사회에 있어서는 안 되는 사람들입니다. 그들의 결말은 정해져 있습니다. 영화의 클라이맥스. 언제나 그들은 마동석에게 곤죽이 되도록 얻어맞은 뒤 체포됩니다.

생각해보면 이 영화의 가장 절정이자 매력적인 이 액션 신이 없었다면 <범죄도시>는 성립조차 안 되는 영화일 겁니다. 저조차도 이 격투 신을 보기 위해 영화를 예매하고 긴 시간을 기다렸을 정도입니다.

하지만 '불편러' 제 친구는 엄연히 이건 사적 제재라고 규정합니다. 그 어떤 이들도 사적으로 누군가에게 폭력을 행사한다는 것은 허용될 수 없다는 것이죠. 형사로서 할 수 있는 폭력도 당연히 한계가 있으며, 영화의 재미요소인 '진실의 방'조차 허용될 수 없는 고문에 의한 심문으로 마땅히 처벌받아야 한다고 말입니다.

벌써부터 피곤하게 느껴지시죠? 여러분의 생각은 어떠한가요? 제 주변만 해도 '영화 하나 가지고 뭐 되게 심각하게 구네' '피해자의 억울함도 생각 안 하고 여기서도 인권 타령이냐' '그럼 영화 보지 말든지 무슨 상관이냐' '누가 영화 보라고 칼 들고 협박했냐?' 등등의 좋지 않은 반응이 많았던 듯합니다.

솔직히 고백하자면. 두둥. 그 친구는 바로 저입니다. 일단 사과부터 박겠습니다. 실은 저 시리즈 다 봤습니다. 하물며 악인을 두둔하는 것은 절대로 아닙니다. (장첸은 전화를 안 받을 동료의 자유를 빼앗은 아주 나쁜 사람입니다.) 그냥 한번 우리의 관점을 다르게 비틀어보자는 취지였을 뿐인 것이죠.

2. 우리에게 주어진 현실

개인주의가 더욱 강화되는 시대입니다. 우리 모두가 각자의 타임라인을 살아갑니다. 연결된 듯하지만 연결되지 않은 사회인 것 같아요. 불과 수년 전만 하더라도 같은 메인 페이지를 보면서 같은 실시간 검색어에 반응하며 관련된 기사에 댓글을 달던 때가 있었습니다. 하지만 이제 우리는 더더욱 정교해진 알고리즘 덕에, 내 관심사 위주로 내가 보고 싶은 것만을 보고 내가 듣고 싶은 것만을 듣고 있습니다.

매일매일 게시판에 올라오는 '논란'과 그 '논란'에 대해 첨예하게 갈라진 사람들을 마주하게 됩니다. 각자의 입장은 명확합니다. '넌 이래서 잘못이야' '개념 좀 챙겨요' '누가 뭘 하든 왜 고나리질이지?' '애초에 이게 왜 논란이 되지?'라는 글들이 넘쳐납니다.

우리에겐 사상의 자유가 있습니다. 인간 내면의 자유는 소중합니다. 내면의 자유를 통해 우리는 표현과 양심, 종교 등의 자유를 누릴 수 있기에 이를 억압하는 것은 허용될 수 없습니다. 어떤 사안에 대해 각자의 생각은 다를 수 있습니다. '논란'에 대해 어떤 태도를 취한다고 해서 무조건적으로 그를 비난하는 것은 생각의 자유를 침해하는 것입니다.

하지만 이런 태도들이 우리가 주어진 상황 속에서 다른 맥락으로 행동으로 발현되기에 문제가 촉발됩니다. 시간과 공간을 공유하는 사회적 동물인 우리는 결국 함께 얽혀 살아갈 수밖에 없습니다. 무한히 허용된 생각의 자유가 행동 측면에서는 어느 정도의 제약 속에서 통제될 수밖에 없음은 자명합니다.

3. 그래서 같이 읽어보자고 이 책을 골랐습니다.

이 책에 나오는 다양한 사례들과 함께 우리 모두 한번 생각해보면 좋을 듯합니다. 팩트라고 해서 무조건 조지는 것만이 능사가 아님을. T스럽게 문제 해결만을 고집하는 것이 정답은 아님을. 내가 옳다고 해서 '참교육'에 나서는 것은 위험할 수 있다는 것을. 내 피해만이 지상 최대의 과제가 아님을 생각해보는 것은 어떨지요?

'오상진 나이들더니 점점 라떼 되어가네'라는 말이 나올 타이밍입니다. 네 좋습니다. 나이들어가는 사람의 잔소리로 느껴지실 수도 있죠. 하지만 이 책에 엄연히 나옵니다. 조언을 아끼지 않은 누군가를 라떼로 치부해버리는 것은 과연 어떨지에 대한 내용도 참조해보시길 권합니다.

니체는 우리에게 '심연의 괴물'의 위험에 대해서 경고했습니다. '논란'을 일으킨 '××남' 혹은 '××녀'를 찾아 그를 '나락'으로 보내는 과정 속에서 우리 스스로 잃어버릴 수 있는 도덕성과 인간성을 강조한 것입니다. 삶의 윤리적 태도를 견지하고 스스로 성찰하는 노력은 아무리 강조해도 지나침이 없을 것입니다.

이런 사고의 과정은 우리가 쉽게 빠질 수 있는 '양비론' '양

시론'에서 우리를 구출해줍니다. 물론 당연히 피곤하고 귀찮겠죠. 나 살기도 바쁜 세상인 건 맞습니다. 하지만 '중립 기어'로 대변되는 태도는 결코 세상을 바꿀 수 없습니다. 무작위의 부정의에 빠지는 것은 위험한 길입니다. 결국 그 피해는 언젠간 나에게, 나의 가족들에게 돌아올 수도 있으니까요.

저는 토론의 힘을 믿습니다. 철학자 아마르티아 센이 강조한 것처럼, 복잡하고 다양한 가치관이 혼재하는 세상입니다만, 그런 가운데에서도 의견을 나누고 무엇이 더 옳은지에 대해 생각을 모을 수 있다면, 과학기술이나 돈의 논리가 우리의 삶을 규율하는 현실을 넘어서 우리 스스로의 삶을 더 바람직하게 만들 수 있다는 것을 말이죠. 상대에게 예의를 갖추고 치열하게 의견을 나누는 과정 속에서 우리는 옳은 길을 찾을 수 있습니다.

지금 뉴스에서 <다시 만난 세계>가 흘러나오고 있습니다. 우리 모두 더불어 행복하게 살아갈 날을 꿈꿉니다. 각자의 위치에서 즐겁고 건강한 하루하루가 되길.

2025년 2월

오상진 드림

이토록 다정한 개인주의자
더불어 사는 삶을 위한 최소한의 도덕

함규진 지음
유노책주, 2024

팩트라고 해서 무조건 조지는 것만이 능사가 아님을. T스럽게 문제 해결만을 고집하는 것이 정답은 아님을. 내가 옳다고 해서 '참교육'에 나서는 것은 위험할 수 있다는 것을. _오상진

◯ 서은아

**다양한 관계 속
마음을 알맞게 쓰는 배려의 말들**

야후, 마이크로소프트 등 다양한 회사를 거쳐 현재 글로벌 플랫폼 회사의 인터내셔널 마케팅 동북아시아 및 호주/뉴질랜드 총괄로 근무하고 있다. 마음 성장 플랫폼 밑미에서 빠짐없이 정원 마감이 되는 대표 인기 리추얼 '매일의 영감 수집' 프로그램을 진행하고 있다. 평생 과업은 사람들과 작은 브랜드의 성장을 지지하고 응원하는 '응원대장'이며 꿈은 건강하고 단단한 삶을 사는 따뜻한 어른이 되는 것이다. 지은 책으로 『응원하는 마음』『매일의 영감 수집』이 있다.

안녕하세요, 응원대장 올리부, 서은아입니다.

여러분은 오늘, 어떤 하루를 보내셨나요? 저는 요 며칠 무척 어려운 마음을 안고 많은 시간을 보내고 있어요. 내가 어쩌지 못하는 그런 일들로 마음 쓰게 되는 일들이 자꾸만 생기고 있거든요. 조금 지친 밤에 책상에 앉았는데, 메일 한 통을 받았어요. 오래전에 리추얼을 함께했던 친구로부터 온 편지였어요. 그때의 그 시간이 어떠했는지를 담백하게 이야기해주던 그 편지의 끝에, "그 어떤 하루였든, 편안한 밤 되시길"이라는 인사가 적혀 있었어요. 문장을 읽자마자 눈물이 났어요. 그 마음이 위로해준 나의 밤이 어떠했는지 그 친구에게 꼭 만나서 긴 이야기를 전해야겠어요.

배려의 말들, 마음을 꼭 알맞게 쓰는 법.

유유 출판사의 말들 시리즈를 무척 좋아해요. 『태도의 말들』 『습관의 말들』 『여행의 말들』 등 많은 책들을 아껴서 읽곤 했어요. 그중에서도 이 책의 제목을 서점에서 마주했던 그날을 잊을 수가 없어요. 열여섯의 나의 그녀와 함께 각자의 책을 고르던 중, 마음을 꼭 알맞게 쓰는 법이라는 책의 부제를 보고는 손에 쥐고 그녀에게 종종걸음으로 다가가 제가 찾아낸 멋진 책의 제목을 자랑했어요. 그녀의 손에는 제가 잘 읽지 못하는 추리소설책이 쥐여져 있었어요. 둘이 함께 각자의 책을 뿌듯해하며 서점을 나섰던 일요일의 오후였어요. 책을 한 장 한 장 넘기면서 떠오르는 장면들이, 사람들이, 그들의 말들이, 그들의 웃음이, 그들의 눈물이 무척 많이 떠올랐던 책입니다.

저에게는 무척 중요한 단어들이 몇 개 있어요. 그중 '다양성'과 '포용'이라는 단어를 무척 중요하게 생각하고, 그 단어들에 마땅한 생각과 태도, 그리고 그런 마음들을 단단히 하기 위해 많이 노력하며 살고 있어요. 그런 제게 '배려'라는 말은 정말 가깝고 다정한 단어였어요. 이 책은 우리 삶에 존재하는 다양한 관계를 보다 폭넓게 생각할 수 있는 기회를 주고 있어요. 우리의 삶에는 얼마나 다양한 관계가 존재할까요? 그들에게 우리는 어떤 배려의 마음이 발동했을까요?

책을 보다가 떠올랐던 저의 삶의 다양한 관계에 대한 이야기를 들려드릴까 해요.

나의 그녀가 초등학교에 들어가던 해, 아이의 학교는 통합 교육 학교라고 소개했어요. 그 학교는 폐교 위기였거든요. 한 반에 아이들이 고작 스무 명 남짓이었어요. 통합 교육 학교도 하고, 축구 특기 학교도 하는 등 폐교 위기에서 벗어나기 위한 많은 노력들을 하고 있는 학교였어요. 그저 집에서 가까워서 배정된 초등학교인지라 학교의 특별한 상황에 대해서는 생각지도 못했던 시작이었어요. 1학년 학부모 참관 수업의 날이었어요. 아이의 반에 유독 작아 보이는 아이가 있었어요. 키가 훌쩍 큰 나의 그녀는 수업 시간에 성큼성큼 그 친구에게 다가가 인사를 나누고 친구의 수업을 도와주는 게 아니겠어요. 집에 돌아와 그녀에게 그 친구에 대해서 물었어요. 그녀의 대답은 너무 멋졌어요. "선생님이 그랬는데, 그 친구는 우리보다 마음이 조금 늦게 크고 있대. 그래서 우리가 마음을 모아서 더 많이 주면 친구가 쑥쑥 클 거랬어." 아, 선생님 만세, 감사합니다. 이런 멋진 마음을 기르게 해주시다니요. 그렇게 1학년 한 해를 키도 크고, 마음도 크면서 성장해가는 아이를 바라보며 흐뭇했답니다. 2학년이 되고도 그 친구와 나의 그녀는 한 반이 되었어요. 2학년의 반 분위기는 사뭇 달랐어요. 아이에게 친구들이 어떤지 물었던 밤이었는데, 그녀가 이런 질문을 했어요. "엄마, 지금 담임선생님은 그 친구를 그냥 내버려두라고, 자꾸 뭘 해주려고 하지 말라고 그랬어. 그 친구에게 어떻게 해줘야 하는 거야?" 아이의 질문에 막막했어요. 뭐라고 답해줘야 하는지 당황하고 말았어요. 삼십사 년이나 더 살았던 제게는 아이에게 자신 있게 답을 해줄 수 있는 경험이 없더라구요. 제게는 장애를 가진 친구도, 동료도 가까이 있어본 적이 없었어요. 그날 아이에게 약속했어요. 엄마도 그 다양한 관계 속에서 함께 성장하도록 노력하겠다고, 함께 더 나은 사람들로 성장하자고, 그렇게 배려의 말들과 마음들을 배워보자고.

이번엔 제 이야기를 해볼까 해요.

저는 대한민국에 태어나, 초중고등학교 대학교까지 오롯이 한국의 학교들을 졸업하고, 이 나라에서만 살아온 토종 한국인이에요. 심지어 대학 전공은 국어국문학이었어요. 한국어가 제일 자신 있죠. 그런 제가 글로벌 회사로 이직을 하고 싶은 욕심이 생긴 거예요. 첫 회사의 인터뷰는 잊을 수가 없죠. 얼마나 영어를 못했는지, 그런 저를 왜 뽑으셨을까 싶었지만 우여곡절 끝에 합격을 했고, 첫 출근날 출근길에 문득 '음, 내가 영어를 어쩌면 좀 잘했던 걸지도 모르지?' 하면서 미소를 띠고 설레는 마음으로 회사 문을 열었어요. 저를 인터뷰했던 팀장님이 처음 저를 맞이해주시면서 하신 말씀이, "너 진짜 영어 못하더라!"라는 한마디였어요. 얼마나 얼굴이 화끈거리고 울고 싶던지요. 그 이후 7년을 그 회사를 다니며 다음 회사도, 그다음 회사도 글로벌 회사들을 다니며 하루의 70% 이상을 그 못했던 남의 나라 언어, 영어로 일을 하고 있어요. 긴 시간을 이렇게 노력하며 일을 해도, 여전히 불편하고 어렵고, 완벽하지 않은 언어로 일을 한다는 것은 큰 스트레스예요. 그러던 어느 여름 출장, 제 동료들과의 워크숍을 하던 날이었어요. 제 동료들은 영국 사람, 캐나다 사람, 인도 사람, 중국 사람, 싱가폴 사람, 호주 사람, 일본 사람 등 정말 모두 각각의 국적이 다른 사람들이에요. 하지만 모두 하나같이 영어가 모국어이거나, 모국어 이상으로 영어를 잘하는 사람들이었어요. 그런 사람들 사이에서 열띤 토론을 하고 의견을 주고받으며 떠들기에는 제 마음의 자신감이 계속 저를 괴롭히더라구요. 그날따라 왜 그렇게 잘 안 들리고, 바로바로 말도 안 나오고, 내가 이야기하려고 했던 내용을 열심히 머릿속으로 영작하는 사이 다른 사람들이 이미 다 이야기해서 이야기할 기회도 놓치고 그러는 거예요. 그러다가 제 매니저가 "올리부도 의견 좀 이야기해봐"라고 하는데 갑자기 엄청 억울하고 화가 나더라구요. 그날 저는 더듬더

듬 저의 동료들에게 고백을 했어요. "나에게 영어는 모국어가 아니야. 너희들이 그냥 자연스럽게 생각나면 이야기할 수 있는 그것이 나에게는 치열하게 머릿속에서 영작을 하고, 그 말이 맞나 틀리나 마음 조마조마하며 말해야 하고, 심지어는 말할 타이밍을 놓쳐 머릿속에 잔뜩 담아둔 말도 결국 못 하고 꿀꺽 삼키고 말아. 그러니 이해하고 배려해줘. 나는 항상 마지막에 의견을 이야기할게. 내가 조금 늦게 이야기해도 기다려줘." 이렇게 하소연을 하고 났더니 제 동료들이 모두 하나같이 입을 모아, "우리는 한국어를 못 하잖아. 우리가 한국어로 이야기하려면 아예 입도 뻥긋도 못 하는걸!" 하면서 제게 매번 마지막 차례를 주고, 내가 순간순간 뛰어들지 못하는 이야기에도 기다려주고, 두 번 세 번 다시 물어도 괜찮다며 응원해주고, 와다다다 쏟아내던 영어 말들을 차근차근 천천히 이야기해주며 함께 일하고 있어요.

『배려의 말들』 책에는 이런 다양한 관계 속에서 마음을 알맞게 쓰며 살아갈 우리의 이야기들이 가득 담겨 있어요. 다르다는 것이 틀린 것이 아니라는 것. 다름을 포용하고, 배려하는 마음으로 살아가는 우리의 세상이 얼마나 멋져질 것인가에 대한 기대를 하게 되는 그런 책이에요.

긴 편지를 썼네요.

매일 어제보다 오늘, 그리고 오늘보다 내일 '조금 더 나은 어른'이 되어보자고 다짐해요. 오늘은 이 책 덕분에, '아, 나는 어제보다 조금 더 나은 오늘의 내가 되었구나' 하는 마음을 누렸어요.

책발전소북클럽 멤버분들께도 이 책이 여러분들의 마음을 꼭 알맞게 쓰는 배려의 말들을 통해 다양한 관계 속에서 더 나은 어른들로 성장해가는 작은 안내서가 되길 기원합니다.

2023년 6월
서은아 드림

배려의 말들
마음을 꼭 알맞게 쓰는 법

류승연 지음
유유, 2020

책을 한 장 한 장 넘기면서 떠오르는 장면들이, 사람들이, 그들의 말들이, 그들의 웃음이, 그들의 눈물이 무척 많이 떠올랐던 책입니다. _서은아

○ 김하나

당신은 두 개의 세계를
살게 됩니다

읽고 쓰고 듣고 말하는 사람. 『금빛 종소리』 『말하기를 말하기』를 썼고, 『여자 둘이 살고 있습니다』 『빅토리 노트』 등을 함께 썼다. 동거인 황선우 작가와 함께 팟캐스트 〈여둘톡: 여자 둘이 토크하고 있습니다〉를 진행중이다.

안녕하세요, 책발전소북클럽 멤버 여러분. 읽고 쓰고 듣고 말하는 사람 김하나입니다. 여러분께 퀴즈 하나 내겠습니다.

"산은 굳건하다. 바다는 요동친다. 강은 흐른다.
셋 중에서 '세월'은 무엇입니까?"

이상한 질문이지만, 그럼에도 여러분은 대답할 수 있을 겁니다. 아마도 많은 분들이 강이라고 대답하실 거예요. 강도 세월도 흘러가는 속성을 지니니까요. 간단한 유추처럼 보이지만 인류의 머릿속에 강과 비슷한 속성의 세월이라는 개념이 자리잡은 것은 그야말로 오랜 세월이 강처럼 흐르고 나서였을 겁니다. 인류의 두뇌가 발달하면서, 먼저 일어난 일과 나중에 일어난 일을 공간처럼 '앞'과 '뒤'로 지각하여 그 선후의 나열을 하나의 선line으로 상상할 수 있게 되었겠죠. 앞서 일어난 일은 뒤에 일어날 일을 향해 시간이라는 개념을 타고 비가역적으로 진행됩니다. 수많은 역사적 사건과 죽음과 상실과 재건, 또다시 찾아오는 예전과 같으면서도 결코 같지 않은 봄을 통해 시간의 '흐름'이 저마다의 몸속으로도 흘렀을 겁니다. 오래전부터 흘러왔고 내 몸을 관통해 앞으로도 오래 흘러갈 일종의 강물 같은 것이 의식 속에 생겨납니다.

그렇게 세월이 탄생합니다.

　강이 없었다면 세월도 없지 않았을까요. 태곳적부터 흘러 지금에 도달했으며 앞으로도 이어질 유장하고 끊임없는 흐름을 상상하는 데에 강이라는 자연물은 비로소 적절하지요. 인간의 상상과 자연은 서로 어울리는 것을 찾아갑니다. 고초를 겪는 선비가 눈 속에 핀 매화를 발견하거나 사랑에 들뜬 마음이 문득 나비를 만나는 것처럼. 이것이 메타포입니다. 그런 의미에서 제가 여러분께 추천드릴 책은 참으로 강물입니다. 마르그리트 유르스나르의 『하드리아누스 황제의 회상록』(이하 『회상록』). 이 작품은 제가 평생 본 적 없는 거대한 강을 상상하게 합니다. 아니, 저로 하여금 모든 인간의 정신 속에 흐르는 드넓고 깊은 강을 드디어 마주하게 했다고 하는 편이 더 맞겠어요. 인간의 신체 속에 여러 장기가 있음을 아는 것처럼 이 책은 인간의 정신 속에 이런 풍경이 존재함을 알게 합니다. 어떤 이가 젊은 날 어느 높고 고요한 나라에서 몇 년을 머문 적이 있다면 그 경험은 그의 인생에 두고두고 영향을 미칠 것입니다. 제게는 이 작품을 읽는 경험이 바로 이와 같았습니다. 『회상록』은 유장한 강변을 따라 걷는 수행이거나 깊은 강물 속으로의 잠영이고, 하나의 길고 아름다운 명상이며, 인간이 써낸 거대한 신비 자체입니다. 이 독서 경험은 인생에 오래도록 남을 것입니다.

그런데 여러분. 이 책을 읽어내는 것은 쉽지 않습니다. 스마트폰의 시대는 아주 빠른 리듬으로 나아갑니다. 이 유장한 강물 같은 유속의 책과 현실계의 리듬감을 조화시키는 것은 여간 어려운 일이 아니어서, 책장은 좀처럼 넘어가지 않고 눈꺼풀은 자꾸만 감겨올 거예요. 그러나 포기하지 않고 문장을 읽어나간다면 천천히, 하지만 확실히 우리는 그 강물의 리듬 속으로 들어가게 됩니다. 『회상록』의 리듬에 우리가 맞춰지는 데는 대략 40페이지 정도가 필요할 것입니다. 그런데 밀이 쉽지, 40페이지를 읽는 게 이렇게 지난할 일인가 싶을 수도 있습니다.

그 40페이지가 '어느 높고 고요한 나라'로 진입하는 좁은 길이라고 생각하고 참을성 있게 걷다보면 당신은 어느새 두 세계를 살게 됩니다. 하나는 책장을 넘기고 있는 이곳이고, 하나는 기원후 2세기 로마 황제의 머릿속이지요.

처음 『회상록』을 읽었을 무렵 저는 꽤 바쁜 생활을 하고 있었습니다.

모든 것이 빠르고 인구밀도가 높은 도시 서울에서 정신없이 바깥 활동을 하고 저의 작은 집에 돌아와, 파자마로 갈아입고 노란 불빛 스탠드를 켠 뒤에 소파에 눕듯이 기대어 『회상록』을 펼치던 늦은 밤들을 기억합니다. 제가 그때만큼 이중생활을 하고 있다고 느낀 적은 또 없었습니다. 책장을 넘기면 북적이던 낮의 일들이 꿈인 듯, 저는 18세기를 거슬러 하드리아누스의 회상 속으로 다시 깨어났습니다. 이 기이한 강물의 접속과 회귀로 저는 밤마다 고요하게 일렁였습니다. 저는 살면서 적지 않은 책을 읽었고 그것들은 제게 헤아릴 수 없이 다양한 반응을 불러냈지만 『회상록』을 읽던 밤들은 더욱 각별합니다. 저는 매일 밤 건조하고 딱딱해진 삶에 은밀하고 근원적인 물기가 흘러들어오는 듯이 느꼈습니다.

이 작품은 로마의 5현제 중 하나로 불리는 실존 인물 하드리아누스 황제가 노쇠하여 죽음을 앞두고 자신의 삶을 되돌아보는 이야기입니다. 자신의 양손자이며 훗날 또한 5현제 중 하나가 되는 마르쿠스 아우렐리우스에게 보내는 서간문 형식이지요. 이 회상록에는 자신이 황제가 되기까지의 과정, 통치 철학, 개인적인 정념의 기억, 권력과 윤리에 대해 점차 깨닫게 된 것, 평화와 쾌락과 균형과 헌신에 대한 생각 등

등이 담겨 있습니다. 또한 자신에게 점차 힘을 미쳐오는 죽음의 진행에 대한 기록이기도 합니다. 한편으로 이 책의 서사보다 더욱 중요한 것은 문체입니다. 강건하면서도 더없이 섬세하고, 쉼표와 콜론과 대시로 끊어질 듯 이어지며 부드러운 굴곡을 만드는 문장들은 한 문장 안에 절묘한 변증법과 대위법을 품고 있어 그 자체로 아름다운데, 그 문장들이 서로에게로 이어지며 만들어내는 장중한 현악성의 물결은 아연할 정도로 거대한 강을 이룹니다. 이 작품을 읽는 것은 이 강의 유속과 파동에, 그러니까 리듬에 깊숙이 몸을 담그는 일입니다.

벤기에 출신 작가인 마르그리트 유르스나르는 이 책을 무려 28년 동안 썼습니다. 이 작품은 마치 동굴 속 조용한 구석에서 아무도 모르게 종유석이 자라듯 유르스나르의 인생이 오랜 세월 그 위로 방울져 떨어지며 쓰였습니다. 이 책을 쓰기 위해 유르스나르는 모든 자료를 꼼꼼히 살펴 치밀하게 고증했고, 실제로 남아 있는 하드리아누스의 글의 문체와 『회상록』의 문체가 일치하게끔 노력했다고 합니다. 그래서인지 이 작품은 1951년에 발표된 현대소설이지만 왠지 고대에 쓰인 작품 같은 인상을 줍니다. 땅 밑에서 오랜 세월 그대로 보존되어 유적지에서 조심스레 흙을 털고 발굴해낸 두루마리 기록물 같달까요. 그것은 아마도 유르스나르가 고대의 정신을 지닌 현대인이었기 때문일 것입니다. 어려서부터 고전 문학에 심취했던 그는 평생 정신의 일부분을 오랜 과거의 시대에 두고 살았습니다. 유르스나르는 독보적인 문학적 성취로 아카데미 프랑세즈 최초의 여성 회원이 된 작가입니다.

작품이 방대하고 읽어내기에 쉽지 않을 듯해 우선 『하드리아누스 황제의 회상록 1』을 함께 읽어볼까 합니다. 장담하건대 2권까지 다 읽으신다면 여러분의 독서력은 비약적으로 증진할 것입니다. 또한 평생에 남을 아름다운 독서 경험이 되리라 믿습니다.

2024년 1월

김하나 드림

부기

이 편지는 개고하여 이후 『금빛 종소리: 김하나의 자유롭고 쾌락적인 고전 읽기』(민음사, 2024)의 일부가 되었습니다.

하드리아누스 황제의 회상록 1

마르그리트 유르스나르 소설, 곽광수 옮김
민음사, 2008

『회상록』은 유장한 강변을 따라 걷는 수행이거나 깊은 강물 속으로의 잠영이고, 하나의 길고 아름다운 명상이며, 인간이 써낸 거대한 신비 자체입니다. _**김하나**

이연실

위대하고 거룩한
보통 사람들의 축제

출판사 이야기장수 대표이자 편집자. 문학동네 편집자로 근무하다, 문학동네 계열사 이야기장수를 운영하며 책을 만들고 있다. 이슬아 작가의 『인생을 바꾸는 이메일 쓰기』, 김하나 황선우 작가의 『여자 둘이 살고 있습니다』, 이옥선 작가의 『즐거운 어른』, 박미옥 작가의 『형사 박미옥』, 코미디언 양세형 시집 『별의 길』 등을 기획편집했다. 『에세이 만드는 법』을 썼다. 제53회 한국출판공로상(기획편집 부문)을 수상했다.

안녕하세요, 출판사 이야기장수의 대표이자 편집자 이연실입니다. 출판계에서는 작가님들이 '장수님'이라고 부르기도 해요. 그리고 저는 이 호칭을 참 좋아합니다.

좋은 이야기를 모으고 편집하고 알리는 일을 하는 저는 책을 추천하고 소개하는 것이 곧 업이기도 합니다. 내가 만든 책이든 남이 만든 책이든 떠들썩하게 소문내며 팔아야 하죠. 그런 저로서는, 제가 소개하는 책을 실제로 많은 독자들이 받아보고 다 같이 읽게 되는 책발전소북클럽 이달의 큐레이터 선정은 너무도 기쁜 일이었습니다.

일종의 천기누설이 될지도 모르겠는데요.

그런데 기쁨이 큰 만큼 책발전소북클럽 이달의 큐레이터에게는 제법 까다롭고 만만치 않은 조건이 뒤따르더군요.

첫째, 내가 저자나 관계자로 참여한 책은 선정하지 않는다. (사심을 버리고 진심으로 좋아하는 책을 추천해달라는 뜻이겠죠.)

둘째, 내가 운영하는 SNS나 채널에 이미 소개했거나 추천사를 쓴 책은 제외한다. (이미 좋다고 누차 여기저기 알린 뻔한 책이 아니라 나를 팔로하는 사람들도 몰랐을, 내가 몰래 아껴둔 보물 같은 책을 책발전소북클럽 멤버분들에게만 비밀스럽게 추천해달라는 뜻인 거예요..)

이 기회와 조건 앞에서 어떤 책을 고를까 꽤 오래 고심했습니다.

너무나도 좋은 책이 안 팔려 발을 동동거리는 주변 출판인들의 애타는 눈빛도 가슴에 맴돌고요, 제가 같이 작업해온 작가님들의 덜 알려진 명작들도 떠오르더군요.

출판계에서 '책발전소북클럽' 도서로 선정된다는 것은 거의 '복권 당첨'에 비견되는 행운입니다. 실제로 선정되면 책 만드는 우리들이 그토록 바라던 대로 수많은 독자들에게 책이 직접 전해지고 읽히게 되니까요. 북클럽 선정으로 인해 그간 무슨 짓을 해도 못 찍던 중쇄를 찍는 사례도 제법 많다고 들었습니다.

저는 이 놀라운 복권 당첨의 행운을, 저와 아무 관련도 없지만, 너무나 잘 소개하고 싶어서, 어떻게든 잘 말하고 싶어서 아껴두었던 이 책에 바치기로 했습니다.

정성은 작가의 대화 산문집 『궁금한 건 당신』은 스스로를 '백수'라고밖에 표현할 길이 없었던 한 청년이 자신의 곁에 스쳐가거나 존재한 이들을 인터뷰한 책입니다. 흔히 '인터뷰'라 하면 마이크가 유명인 앞에 꽂히는 경우가 많죠. 하지만 이 책은 가장 보통의 '백수' 청년이 아무런 편견도 경계도 계급도 없이 가장 평범한 주변 사람들을 붙들어 대화하는 이야기입니다. 택시 기사, 이삿짐센터 노동자, 식당 주인, 공인중개사, 공무원부터 지하철에서 우연히 만난 사람, 결혼정보 회사에서 연결해준 선자리에서 만난 사람, 여행지 숙소에서 만난 옆방 사람…… 정성은 작가에게는 온 세상 사람들이 호기심의 대상이고, 스포트라이트를 받아 마땅한 주인공입니다.

정성은 작가가 이 책에서 처음 말을 거는 대상은 어느 택시 기사님인데요. 이동하는 짧은 거리에서 두 사람은 대화하다가 서로 같이 울어버립니다. 이 대화의 한 토막을 갑자기 끼어들어 지켜보게 된 저도 같이 울고 말았습니다.

저 역시 정성은 작가가 그랬듯 피곤하고 마음에 여유가 없어서 택시를 타고 다니는 날들이 많은데요. 그런데 내 피곤한 하루에 누가 침범할까봐, 괜한 말에 신경쓰이고 상처받을까봐, 저는 요즘 택시를 타자마자 눈을 꼭 감고 자는 척하거나 부랴부랴 핸드폰을 집어들어 현실에서의 대화를 원천봉쇄하곤 했거든요. 물론 택시에서 숱하게 벌어지는 성희롱이나 불쾌한 기억들이 저를 그렇게 만들었노라고 변명하고 싶기도 하지만……

정성은 작가라고 대화와 인간관계로 인한 상처가 없었을까요. 그럼에도 정성은 작가는 스스로 인연과 계기를 만들어가는 사람입니다. 끊임없이 사람들에게 희망을 걸어 말을 걸고, 대화를 통해 계속 배워나갑니다. 정성은 작가가 만난 평범하고 아름다운 사람들은 누구나 자기 생에 관해 잊을 수 없는 명문장, 말 한마디는 갖고 있음을 깨닫게 하죠.

그들의 실패와 실수, 부끄러움과 후회조차도 정성은 작가와의 대화 가운데서는 반질반질 윤이 납니다. 인생이란 이토록 사소하게 아름답고, 슬프게 빛나는구나…… 절로 감탄이 나옵니다. 이렇게 빛나는 말을 남긴 화자들에게 수없이 감탄하다보면, 문득 이 말을 이끌어내고 소중히 기록한 이의 내면과 얼굴도 바라보고 싶어집니다. 그리하여 이것은 정성은이 관찰한 '타인들'이라는 인터뷰집 형식을 띠고 있지만, 동시에 '타인의 사랑과 말들'로 완성된 정성은이라는 사람의 독특한 자서전이기도 합니다. 인터뷰는 한 사람만 답하지만, 대화는 쌍방이니까요. 타인에게 편견 없이 말을 걸고 진심을 다해 듣는 큰 귀를 가진 정성은 작가를, 누구와도 끝내 대화해내고 마는 정성은 작가를 저는 닮고 싶었습니다.

"남의 이야기를 듣는다는 게…… (…) 살면서 누군가의 이야기만을 듣기 위한 장을 가져본 적이 없더라고요. 귀한 자리구나. 오로지 누군가의 이야기를 들어주기 위한 시간을 갖는다는 건."

_단편영화 감독 이윤선의 이야기에서

"사람들은 결국 '이야기'를 듣고 싶어하는 것 같아요. 이야기하는 사람만이 결국 살아남는다고 생각해요. 당장 내 것이 뭔지는 알 수 없지만 나랑 비슷한 사람들, 나를 좋아하는 사람들이 찾아줄 테니까. 일단 그렇게 이야기를 시작하면 힘이 생기는 것 같아요. (…) 누군가가 자기 이야기를 하잖아요. 그럼 누군가는 그걸 듣잖아요. 그게 쌓이면 그 사람에 대해 우린 알게 되죠. 반면 입을 다물어버리면 내 이야기는 세상에 없잖아요."

_여행자 굿수진의 이야기에서

어른이 되면서 대화 도중에 듣기를 포기한 적이 많았다는 것을 이 책을 읽으며 새삼 깨달았습니다. 가만히 듣는 게 아니라 다음에 뭐라고 받아칠까 혼자 궁리하는 시간들이 꽤 많았고, 속으로 '재미없다'고, '저 사람 좀 별로'라고 평가질하며 대화에서 몰래 스르르 떨어져나온 적도 있습니다.

당신은 그저 '누군가의 이야기를 들어주기 위한 시간'을 가진 지 얼마나 되었나요?

저는 정성은 작가와 그가 만난 수많은 사람의 대화를 통해서, '이야기'의 아름다움을 배웁니다.

자신의 속내와 상처와 비밀을 드러내는 사람을 초짜 취급하고 쉽게 보는 낡은 시선에서 벗어나 언제까지나 어디서나 인생과 사람 앞에선 초심자가 되고 싶다고 생각합니다.

『궁금한 건 당신』은 편집자로서도, 독자로서도 제가 꾸는 꿈이고 기적에 가까운 책입니다.

대부분의 사람들이 살면서 그러하듯이, 저 역시 때로 속상한 오해나 편견에 부딪칠 때가 있었습니다. 너는 유명한 작가들, 잘 팔리는 책만 좋아하지 않느냐고.

그러나 이야기장수가 꿈꾸는 이야기의 원형은 '가장 보통 사람들'의 이야기입니다.

그래서 유명한 사람들을 만날 때도 그에게 '나 자신과 우리들'을 닮은, 미디어에 비쳐지지 않은 보통의 삶, 가장 평범하고 연약하고 귀여운 면이 있는지를 꼭 찾아보고요.

가장 보통 사람들에게도 기꺼이 고개 숙이고 무릎 꿇고 싶어지는 거룩한 위대함이 있을 때, 기꺼이 삼고초려하며 저의 작가로 모십니다.

『궁금한 건 당신』은 그런 위대함을 가진 보통 사람들의 축제와도 같은 책이죠.

> "그런 상상해본 적 없어? 내가 굉장히 멋진 사람인데 신분을 숨기고 있다가 지하철에서 어떤 사건이 생겨서 갑자기 슈퍼히어로가 되는! 나의 놀랍고 비범한 능력으로 사람들을 구하는! 그런 꿈이 있었는데, 지연이 덕분에 내 삶에 재밌는 포인트가 생겨서 좋아."
>
> _지연과 민준 부부의 이야기에서

이 슈퍼히어로의 말에 정성은 작가는 이렇게 씁니다.
"그래, 열심히 다르게 살아줘. 다르게 살아줘서 고마워!"

이 책엔 "우리가 꿈꾸는 쪽으로 조금씩 이동"하는 사람들의 이야기가 있습니다. 누군가는 포기를 통해, 다른 이는 견딤을 통해, 또 누군가는 꿈과 사랑을 통해 자신의 인생이 가야 할 곳으로 더디더라도 조금씩 움직여갑니다.

그리고 무엇보다 이 책은 우리가 서로에게 가닿기 위해 움직이는 법에 대한 이야기를 담고 있습니다. 잠시 스쳐가는 인연일지라도 상대에게 시선과 관심을 두고 서로의 삶을 궁금해하며 끝내 포기하지 않고 각자의 이야기를 듣고 감동해내는 이들의 이야기가 있습니다.

그래서 저는 이 책을 가장 보통의 우리들이 만들어낸 기적의 서사라 말하고 싶습니다.

이 책에서 한 인물이 말합니다.

"왜냐면 우리는 계속 도전하고, 실패하고, 가끔 성공하는 삶을 살 테니까."

책의 운명도, 그리고 책 만드는 저의 운명도 이와 비슷합니다.

수많은 훌륭하고 아름다운 책들이 수없이 나와서, 계속 당신에게 다가가려 노력하지만 대부분 실패하고, 아주 가끔 몇 권의 책들만이 당신에게 가닿는 데 성공합니다. 책 읽는 독자에게 제가 꿈꾸는 책을 직접 골라 당신의 서재에 직통으로 보낼 수 있는 이 꿈같은 기회 앞에서 저는 행복했습니다.

제가 이 세상에 나온 수많은 책들과 사람들 가운데 사심 없이 단 한 장의 당첨 복권을 건넬 수 있다면, 그건 바로 이 책. 결국 제가 택한 건, 가장 보통 사람들의 이야기를 끈질기게 쫓아다닌 집념의 정성은 작가, 그리고 그가 만난 사람들—

바로 가장 평범한 우리들의 대화와 이야기였습니다.

당신도 오늘부터 큰 귀를 열어 무엇이든 듣고, 누군가 비웃을까봐 겁내지 말고 기꺼이 말하며, 자신과 타인을 믿고서 무엇이든 당신의 삶에 대해 기록하길 바랍니다.

제가 궁금한 건 바로 당신이니까요.

저는 스스로의 위대함을 다 모른 채 그저 오늘도 제 몫의 삶을 꿋꿋이 살아내는 당신을 향해 책을 만들고 있으니까요.

오늘도 이 세상을 살아가는 당신, 다르게 살아주어서 고맙습니다.

2024년 10월

이연실 드림

궁금한 건 당신
정성은 대화 산문집

정성은 지음
안온북스, 2023

그들의 실패와 실수, 부끄러움과 후회조차도 정성은 작가와의 대화 가운데서는 반질반질 윤이 납니다. 인생이란 이토록 사소하게 아름답고, 슬프게 빛나는구나…… 절로 감탄이 나옵니다. _이연실

같이 읽자는 고백
십만 권의 책과 한 통의 마음
ⓒ김소영 2025

1판 1쇄 2025년 6월 17일
1판 2쇄 2025년 7월 3일

엮은이 김소영

기획 김도윤 이연실　**책임편집** 이연실　**편집** 이자영 이정은 염현숙
디자인 엄혜리
마케팅 김도윤 최민경
브랜딩 함유지 박민재 이송이 박다솔 조다현 김하연 이준희
저작권 박지영 주은수 오서영
제작 강신은 김동욱 이순호　**제작처** 천광인쇄사

펴낸곳 (주)이야기장수
펴낸이 이연실
출판등록 2024년 4월 9일 제2024-000061호
주소 10881 경기도 파주시 회동길 455-3 3층
문의전화 031-8071-8681(마케팅) 031-8071-8684(편집)
팩스 031-955-8855
전자우편 pro@munhak.com
인스타그램 @promunhak

ISBN 979-11-94184-35-5 03810

* 이야기장수는 (주)문학동네의 계열사입니다.
* 이 책의 판권은 지은이와 이야기장수에 있습니다.
  책 내용의 전부 또는 일부를 재사용하려면 반드시 양측의 서면 동의를 받아야 합니다.
* 잘못된 책은 구입하신 서점에서 교환해드립니다.
  기타 교환 문의 031-955-2661, 3580